清华大学
课程思政
工作案例集

同行锦囊

主编
彭刚

副主编
李蕉 杨帆

清华大学出版社
北京

版权所有，侵权必究。举报：010-62782989，beiqinquan@tup.tsinghua.edu.cn。

图书在版编目（CIP）数据

同行锦囊：清华大学课程思政工作案例集 / 彭刚主编. —北京：清华大学出版社，2024.1
ISBN 978-7-302-65369-1

Ⅰ.①同… Ⅱ.①彭… Ⅲ.①高等学校—思想政治教育—教案（教育）—中国 Ⅳ.① G641

中国国家版本馆 CIP 数据核字（2024）第 022465 号

责任编辑：王如月
装帧设计：王红卫　刘丹琪　王博旸
责任校对：王凤芝
责任印制：宋　林

出版发行：清华大学出版社
　　　　　网　　址：https://www.tup.com.cn，https://www.wqxuetang.com
　　　　　地　　址：北京清华大学学研大厦 A 座　　邮　　编：100084
　　　　　社 总 机：010-83470000　　　　　　　　邮　　购：010-62786544
　　　　　投稿与读者服务：010-62776969，c-service@tup.tsinghua.edu.cn
　　　　　质量反馈：010-62772015，zhiliang@tup.tsinghua.edu.cn
印 装 者：小森印刷（北京）有限公司
经　　销：全国新华书店
开　　本：160mm×230mm　　印　张：16.25　　字　数：239 千字
版　　次：2024 年 1 月第 1 版　　　　　　　　印　次：2024 年 1 月第 1 次印刷
定　　价：69.00 元

产品编号：095556-01

序 言

思政与课程，当"如盐在水"

习近平总书记在 2023 年 5 月就建设教育强国进行的中共中央政治局第五次集体学习上指出："我们要建设的教育强国，是中国特色社会主义教育强国，必须以坚持党对教育事业的全面领导为根本保证，以立德树人为根本任务，以为党育人、为国育才为根本目标，以服务中华民族伟大复兴为重要使命，以教育理念、体系、制度、内容、方法、治理现代化为基本路径，以支撑引领中国式现代化为核心功能，最终是办好人民满意的教育。"在建设教育强国的工作全局中，推进课程思政建设是落实立德树人的根本任务的重要举措，能够寓价值观引导于知识传授和能力培养之中，使各类课程与思想政治理论课同向同行，形成协同效应。

打破长期以来思想政治教育与专业教育相互隔绝的"孤岛效应"，将全员、全过程、全方位育人落到实处，推动思政课程与课程思政协同前行、相得益彰，构筑育人大格局，是新时代中国高校面临的重要任务之一。清华大学和许多高校一道，进行了积极的探索，取得了一些成绩，但也仍面临一些挑战。如：不同课程之间、不同教师之间，教学质量仍不够均衡；思政课堂规模仍相对较大，影响教学效果；思政课与其他课程之间有效的沟通机制和平台建设尚不完善……破解难题，努力构建课程思政的育人大格局，推动思政课程与课程思政如鸟之两翼、车之双轮协调前行，成为当前各高校思政工作面临的重要课题。

结合清华大学的探索和实践，我们认为，有效推动思政课程与课程思政的协同前行，"分""合""融"三个关键词至关重要。

"分"。有效推动思政课程与课程思政的协同前行，应当尊重学校、学科和课程门类的不同特点，分类指导。各类课程进行课程思政的方式各有不同，特点也不尽相同。比如清华大学的通识课程，就要在以人文社科为基础的前提下，尽可能呈现学校的学科特点，如环境、能源、计算机、生命科学等，使学生对当代社会所面临的重大问题和变化有深入认识；比如清华大学的体育课程，就要在致力于提升学生身体素质和体育技能的同时，提升体育学科的迁移价值，如顽强拼搏、尊重规则、团结协作等；比如清华大学的数理基础课，就要着眼于培养学生的好奇心、想象力和学术志趣等。

"合"。有效推动思政课程与课程思政的协同前行，还应当建立健全机制，加强思政课程教师与其他课程教师的交流互鉴，以提升教师的授课能力和课程的育人效果。一名优秀的教师，不应只是某一领域的专家，更应致力于"为了每一个学生的终身发展"，掌握多学科、多领域的相关知识和信息，以适应青年的成长特点，增强思想政治教育的亲和力与感染力。比如，清华大学马克思主义学院的青年教师就主动尝试将人工合成硝酸在第一次世界大战中的使用、核物理学家在面对核能被使用于战争时所受到的伦理拷问等专业知识融入思政课堂，兼顾了思政课的思想性、理论性、知识性与教学方式上的生动性、可接受性。

"融"。有效推动思政课程与课程思政的协同前行，还应当最终做到二者的水乳交融。课程思政不是简单的"课程"加"思政"，而是在课程当中有机地融入价值塑造的元素，要避免生硬的机械组合，努力实现自然的有机融合，做到"如春在花、如盐化水"，耳濡目染、润物无声。

当然，实现以上几点，需辅之以科学的评价体系和完善的制度设计，为推进课程思政提供科学的"标尺"和良好的制度环境，从而进一步激发广大教师的生产力与创造力，构建课程思政的育人大格局。

清华大学副校长
清华大学课程思政教学研究中心主任
彭 刚

前 言

立德树人成效是检验高校一切工作的根本标准。落实立德树人根本任务，必须将价值塑造、知识传授和能力培养三者融为一体，形成各类课程育人育才的协同效应。全面推进课程思政建设正是落实立德树人根本任务的战略举措。

教师课程思政能力素质是决定课程思政建设质量的关键，课程建设是推进课程思政建设工作的前沿阵地。课程思政不是简单的"课程"加"思政"，而是要寓价值观引导于知识传授和能力培养之中，在教育教学中帮助学生塑造正确的世界观、人生观、价值观。为此，必须加强教师课程思政能力建设，建立健全优质课程思政资源共享机制，搭建课程思政建设交流平台，开展经常性的典型经验交流，充分利用各种手段，促进课程思政优质资源的共享共用。

清华大学在激发教师推进课程思政建设积极性的同时，力求"劳模可复制""经验可共享"，通过"同行锦囊"的形式将一些教师的新鲜经验转化为持续推进课程思政建设的共享资源。这些"锦囊妙计"好上手、可操作、有成效，可为各大高校教师优化课程思政建设工作提供一定借鉴和启发，助力解决高校教师在推进课程思政建设工作中面临的"无例可循"和"资源不足"等问题。

"同行锦囊"始于 2020 年秋季。其时清华大学课程思政建设工作刚刚开展，成立了课程思政教学研究中心，并联合学校教务处、教师发展中心、校工会等多个部门进行协同建设。中心在课程思政建设理念、建设机制和建设实践三个方面进行探索：着力规划建设工作的时间表与路线图，彰显清华大学"三位一体"教育理念；着力形成课程思政"学校—部处—院系—教师"四级联动机制，实现同学校多项重点工作协同发展；着力增强教师个人开展课程思政的动力与能力，强调"育人"作为课程思政的核心所在。"同行锦囊"正是课程思政教学研究中心、清华大学教务处，同清华大学各位教师在建设实践层面的探索成果。

目 录

第一章　标杆课中的立德树人

于歆杰	身教也言传，敬畏且热爱	002
张　雄	于细节处传递价值，在讲台上精益求精	003
王　红	乐教方能乐学，钻研才可超前	004
史　琳	反复琢磨基础概念，及时跟进前沿研究	005
邓俊辉	算法要勤学、要苦练，更要咀嚼和品味	007
扈志明	因材施教，迭代式备课，以真心换真心	009
田　凌	基础与前沿有机融合，开展研究型教学	011
王书肖	理论联系实际，基础融合前沿	013
马昱春	逻辑牵引，贯穿古今	015
赵　青	"言传"更需"身教"，教学就要身体力行	017
杨　晶	往返于抽象与形象之间，体会数学之精妙	018
殷雅俊	强度失效准则中的明辨性和辩证性思维	020
梅赐琪	教师课堂自信的辩证法	022
姜　朋	开展课程思政，解决"思而不学"与"学而不思"问题	024
叶朝辉	重基础，重实践，重前沿	026

第二章　基础课中的立德树人

朱桂萍	挑战度和成就感，一个都不能少	029
赵　亮	因材施教，教学相长	031
陈永湘	站在研究者的角度学习	032
魏　斌	高效利用课堂演示实验，复现理论形成过程，培育学生的创新精神	034
焦　雷	不断探索教学方法，培养学生科学精神	036
牟　鹏	以"真相"为饵，立象以"尽意"	038

第三章　通识课中的立德树人

裘　莹	将"珍惜生命，呵护你我"的信念根植于每个人心中	040
顾　涛	一篇论文的诞生到一堂课的设计	041
刘　晗	唤醒好奇，重视口语，通达生活	043
阎　琨	用社会之镜来反观自我	045
杨　扬	以历史认识科学，培养超越的勇气	047
钱　静	从降维到升维，从俯视到平视	048
王大亮	于细微处见真灼，于无声处塑人格	050
郝　洁	调动学习兴致，启发智慧沟通	051
鞠建东	为了中国与世界秩序的未来	053
张　伟	美育在于润物无声	055

第四章　文科课中的立德树人

李　震　中国哲学中的智识训练与人格修养　　　　　　　　057
赵金刚　涵养心性，心有家国　　　　　　　　　　　　　　059
张晓燕　从现实出发，思考问题背后的体系　　　　　　　　060
龙　俊　将习近平新时代中国特色社会主义思想融入课堂　　061
任　重　探索"法条＋案例＋理论"教学新模式　　　　　　062
张叶鸿　多语能力，专业思维　　　　　　　　　　　　　　064
王　媛　带"数字原住民"穿行于历史和未来之间　　　　　066
蒋　澈　在语言与思想的交互中把握文明瑰宝　　　　　　　068
熊　鹰　游于艺而志于道的文学课堂　　　　　　　　　　　070
梁思思　以人为本，营建美好城市　　　　　　　　　　　　072
伍　珍　逐层递阶式课程培养学生的创新思维　　　　　　　074

第五章　理科课中的立德树人

王　青　独立思考，提问质疑，引领真理之光　　　　　　　077
刘玉身　教学与前沿结合，学习与研究贯通　　　　　　　　078
吴华强　以"三位一体"教育理念指导教学　　　　　　　　080
张扬军　"大师"为引，"前沿"为托　　　　　　　　　　082
周在莹　有温度的教学——反馈环节的思政践行　　　　　　083

第六章　工科课中的立德树人

郭庆来	鼓励做高水平研究，建立跨年级的学术共同体	086
陈志勇	关注技术的历史与运用，培育轻松的课堂氛围	087
邱　睿	激发学生兴趣，激励学生成长	088
刘亚辉	抓住汽车构造的基本原理，厘清科学创新的历史过程	090
孙　凯	结合技术与时政，探索体验式课程思政	092
朱　宁	手脑并用，深入一线做教学	094
冯　鹏	课程思政"三把斧"，有破有立有精神	096
蒋建国	以点带面，学研结合	098
陆　韵	利用研究型习题，引导学生运用知识解决难题	100
张潇源	用心备好每一堂课，培育环境学子的认同与担当	101
李翔宇	提高自身修养，融合专业教学	102
黄善仿	学习核电技术，增强制度自信	104
徐文杰	巧用重大工程案例，培育学生使命意识	105
仇　斌	理论与实践结合，历史与前沿贯通	106
李升波	问题导向，激发兴趣，互助学习	108
郝　瀚	点滴滋润汽车强国梦	110
马　骁	重演技术历史，体现中国贡献	111
吴　及	"懒惰模型""贪心算法"与人生选择	113
黄翊东	激发学习动力、注重知识体系	115
刘卫东	通过问题与兴趣驱动，分层次设计计算机系统	116
班慧勇	用好工程"反问题"，深入思考勇担当责任记	118
贺　飞	相互找错，共同提高，为学习打造开发场景	120
罗贵明	贯通知识结构，注重拓展学习	121
黄隆波	理论结合前沿，鼓励学以致用	122
武廷海	坚持"三位一体"，传承历史文脉	123

戴凌龙	转换角色，多问多想	125
杨 铮	远程在线考试是个技术活	127
聂冰冰	在工科课程中塑造追求美的源动力	129
孟 萃	以历史知识启迪现实思考	131
高云峰	用古已失传的欹器讲授现代的理论力学	133
郑晓笛	以知行合一践行课程思政	135
陈 巍	敢争高下，不管风吹浪打	137
徐梁飞	勤学多练掌握编程方法，玩转建模感受科研乐趣	139
赵千川	注重课堂反馈，探讨知识形成过程	141

第七章　医学课中的立德树人

吴 宁	绝不放弃，因为每一个生命都无比珍贵	143
谢 兰	学习胚胎知识，思考医学伦理	145
钱庆文	培育人文精神，做病人的关怀者	146
郝宏恕	夯实职业基础，培育职业精神	148
杨燕绥	从三大就医风险切入，从三角价值链走出	150
王 仲	培养研究生的急诊医学思维和紧急医疗能力	151
张 萍	培养医学情怀，树立崇高理想	152
李 珺	道德实践，知行合一	153

第八章　实验课中的立德树人

汤 彬	实践育人，润物无声	155
郑双凌	激发实验兴趣，培养分析能力	157

任艳频	珍惜实验中的问题，为学生解决问题鼓劲	159
吴 丹	在实践中感受价值，提升自我	160
李亮亮	真相就在实验探索中	161
孙忆南	在基础电路实验中实践问道、求真求实	162
于 莹	实验遇BUG？育人的最佳契机	164

第九章 设计课中的立德树人

范寅良	在故事分享中传递价值观	167
程晓青	为人民美好生活而设计	168
张 弘	读万卷书，行万里路，拜万人师，谋万人居	169
青 锋	为"三位一体"搭建桥梁	170
余立新、兰 洲、闫自飞	在设计中践行严谨细致、追求极致的"工匠精神"	171
王 悦	真正的创新是要有根的	173
叶 健	为有源头活水来	175
黄 艳	设身处地，塑造价值	177
郭 湧	让时代脉搏在课堂跳动	179
张 昕	向学生学习	181

第十章 艺术课中的立德树人

罗 薇	从文化了解音乐现象，从音乐透析文化内涵	184
肖 薇	戏剧创作的主题来自自我资源的整合	185
金 浩	特色为线、舞种为块、名家为点	187
邢高熙	美、愉悦与品位，活出自己，全面发展	189

| 蒋红斌 | 结合设计一线，激发学习兴趣 | 191 |
| 王 巍 | 戏墨人生，乐在其中 | 193 |

第十一章　体育课中的立德树人

田奇乐	把德育内容自然融入教学过程	196
王海燕	让乒乓球学习变得更加快乐和科学	197
王玉林	以人为本，文武并举	199
董 刚	在快乐毽球中增强体质、健全人格	200
张树峰	讲故事、定计划，实现理论与实践的结合	201
周 放	学会有尊严地赢，也学会有尊严地输	202
王俊林	有目标、有计划、有收获	203
张继东	以学生为中心，贯彻"课比天大"	204
王壹伦	建立网球搭档机制，培养团队合作意识	205
郭惠珍	责任心与爱，是体育教学的一贯坚持	206
周 涛	精讲多练，以测代练，在实践中感受体育乐趣	207
邢 玮	塑造性格，锻炼意志	208

第十二章　写作课中的立德树人

曹柳星	"云共享式"答疑，优化利用答疑时间	210
邵 玥	以人为本，借"题"发挥	212
张 芬	重视课堂上的"挑战者"	214
李轶男	用写作凿出"小我"与"大我"的个性化通路	216
李成晴	偶尔掩卷，静坐听雨	218

窦吉芳	从身边话题出发，启发学生多视角思考	220
贾雯旭	"新瓶""旧酒"之中的变与不变	221
贺曦鸣	"消费"为镜，思政随行	223
袁 艾	多维视角讨论孝的美德与义务	225
李君然	让学生在故事中理解	226
米 真	以"浅阅读"与"深阅读"打造通向研究问题的阶梯	228
陆跃翔	以科研精神浸润课程思政	229
刘天骄	从公共议题到学理性提问	230

第十三章　思政课中的能力培养

何建宇	注重课堂延伸环节，将概念与生活相连接	233
李 戈	强调时代之变，注重个人之思	234
夏 清	与世界历史同步，培育全球视野	235
李江静	"破""立"并举，辨析问题	236
张牧云	运用校史资源，映射青年的选择	237
刘恩至	写板书，重互动，深耕课堂	238
路子达	史论结合，探索研究型教学具体形式	239
李玉蓉	加强教学设计，提升教学效果	241

后　记　　　　　　　　　　　　　　　　　　　　242

第一章

标杆课中的立德树人

标杆课是清华大学评选出的若干门具有引领性和示范性的优质本科生课程。2018年，学校正式启动"标杆课程"评选，拟利用5年左右时间，选出约50门优质课程。学校力图通过设立"标杆"，发挥引领示范作用，带动本科课程整体水平提高。"标杆课程"要求课程能够体现"三位一体"的教育理念；课程内容有持续的更新改革，具有典型性、示范性、推广性的特征；同时要求授课教师具备较高的教学科研水平，对教书育人具有强烈的责任感和使命感，具有先进的教学理念、合理的教学方法；在学生培养过程中作用突出。截至2022年底，学校共有5批44门课程入选"标杆课程"。

身教也言传，敬畏且热爱

于歆杰

大家好，我是电机系的于歆杰，我承担的是"电路原理"课程。以下是我的同行锦囊。

"电路原理"作为一门电类各专业的核心课，教学内容量大，教学对象面广。因此，课程思政不应该被列为一个单独的教学环节，而应使其发生于整个教学过程中。

教学是一个言传身教的过程。在我看来，立德树人的关键不仅在于言传，更在于身教。只有自己先做到了认真备课、认真教学，我才能够要求学生认真学习、认真上课。从 2002 年开始，我给自己定下了一些教学的"规矩"。例如，早晨第一节上课时，我要求自己在 7:45 之前到达教室，提前做好准备。平时工作中，不管有多么重要的事，我都将其排在上课之后，我从不调课，也从不让助教代课。自己对课堂的敬畏、对教学的尊重，是我在日常教学中实践"立德树人、价值塑造"的首要方式。

这种"身教"也体现在教学设计之中。例如，我特别强调教学中要尽全力确保公平。每年期末考试，我所在的电路原理教学组都会重新设计所有题目。因为我们没有办法对往年的考题做到完全保密，而如果一些学生找到了往年考题，对找不到考题的同学就不公平。所以我们要确保，无论有没有找到卷子，大家看到的题目都是以前没有的。

做到这些细节，难，也不难，关键在于是否热爱学生。一个老师如果真正热爱教师这个职业，首先得热爱学生。热爱学生，严格要求自己，才能言传身教。

于细节处传递价值,在讲台上精益求精

张 雄

大家好,我是航天航空学院的张雄,我承担的是"理论力学"课程。以下是我的同行锦囊。

在"理论力学"课程中,除了让学生获得知识和能力的明显增量,我非常希望他们能够在价值层面有所收获,希望他们可以"目标明确,充满激情,健全人格"。我不会进行说教,而是将价值塑造融入到日常教学中,通过言传身教,潜移默化地向学生传递正向的价值观念。

每一次课我会至少提前 20 分钟到教室,并对无故缺勤的学生扣分,对迟到的同学进行批评,希望学生逐渐养成对学习的敬畏心和契约精神;我会及时更新课件的内容,精心设计课件的每一个细节,以此希望学生逐渐习得高标准、严要求的严谨精神;在教学素材中,我会自然传递家国情怀:在讲授质点运动微分方程时,我为学生播放电影《白昼流星》片段,让学生感受科技强国和核心技术自主可控的重要性;在讨论摩擦问题时,我使用电影《我和我的祖国》中黄渤爬旗杆的素材,将为祖国为人民付出一切的情怀传递给学生,让他们受到爱国主义的熏陶。

要达到立德树人的目标,教师应该全身心地投入教学工作。想到当今世界上国力的竞争就是人才的竞争,而教师的责任就是培养人才。想到不久之后,坐在讲台下的百余名学生将成长为业务骨干和社会栋梁,想到学生们的贡献不知要比自己一个人强多少倍,我就会毫不犹豫地、全身心地投入教学工作,精益求精,永无止境。

乐教方能乐学，钻研才可超前

王 红

大家好，我是自动化系的王红，我承担的是"数字电子技术基础"课程。以下是我的同行锦囊。

曾经有同学评价我这门课说，课程很难，让他感觉头疼到爆炸，但他又说，他很喜欢老师带着他们突破一道道难关的过程。我想，之所以难是因为，这门课既具基础性又具前沿性且内容复杂；之所以学生喜欢，是因为教学过程使他们和我都能感受到电子世界的美妙，感受到学习的快乐。

对科学研究而言，基础非常重要，前沿也非常重要。一门课程的特殊魅力，在于它的先进性，能够随着时代的变化而变化，永远让你觉得它离你很近。这门课的名字一直不变，教学方式和知识点却在不停变化，我的教案也年年都有更新。学生看到教师不断钻研、把握前沿的过程，也会自然而然地在学好基础知识的同时，有意识地跟进前沿的研究。

学习应该是一个快乐的过程。只有老师乐教，同学才会乐学。我常说，上课是一场让大家身心愉悦的"约会"，我要努力确保这场约会使学生和我都有收获。为此，我很注重启发式教学，让学生产生疑惑，感到惊讶，然后引导他们进入专业的理论思考，正所谓"不愤不启，不悱不发"。我也会不断尝试用各种各样的形象的例子，来解释复杂的概念和理论，增加同学学习的兴趣。总之，老师在教学中感到快乐，传递快乐，学生也会在学习和研究中感到快乐，从而逐步树立从事艰苦的科学研究的志向。

反复琢磨基础概念,及时跟进前沿研究

史 琳

大家好,我是能源与动力工程系的史琳,我承担的是"工程热力学"课程。以下是我的同行锦囊。

工程热力学这门课程最具挑战性的有两点:一是某些基本概念难以理解,二是怎样从实际的复杂工程问题中提炼有用信息、抓住主要矛盾。

对此,我探索了一些方法。对于复杂概念,我会把知识点掰开、揉碎,反复强化,从多个层次引导学生,针对核心概念设置课程讨论。例如,课程最难的部分是第四章热力学第二定律,这一章围绕熵、㶲等物理概念展开。我便按照"概念的实质—概念铺展—在解决问题中的应用—与能量的品质的关系—计算和分析的方法—反思与提升"逐步深入进行讲解。在不同环节反复引导学生讨论,深化对概念的认知。

在学习实际工程问题时,我采取"教研结合"的思路,将科研前沿引入教育教学。例如,讲到动力循环,我会引入最新的低碳发电技术化学链燃烧循环;讲到可再生能源利用,我会讲解太阳能热化学中物理能与化学能综合梯级利用,这些对经典热力学理论有突破和拓展的最新科研成果。引入前沿研究,并不是强求同学们去掌握这些尖端技术,而是引导他们从热力学基础理论出发,理解这些创新思路的由来,思考实际运用中理论如何呈现出来,这些理论的应用又会带来哪些变化。

在这门课程中,我想让学生体会工程热力学在技术发展和社会生活中的作用,理解热力学理论对新技术的支撑以及新技术对热力学传统理念的

挑战与发展。为此,在课堂上不能止于灌输知识,更要激发学习兴趣。深入把握概念,理解前沿研究,虽然听起来很难,却可以激发学生的学习热情,让学生和我都乐在其中。

算法要勤学、要苦练，更要咀嚼和品味

邓俊辉

大家好，我是计算机系的邓俊辉，我承担的是"数据结构""计算几何"等算法类课程。以下是我的同行锦囊。

算法是计算机专业的基础与核心，所以不必担心学生对这类课程不够重视。然而在揭示深奥原理、探究抽象概念和剖析繁复技巧的过程中，学生往往会陷入就事论事、过于关注技巧细节的陷阱。为此，我在讲解基本原理、基本方法的同时，常常与学生共同咀嚼品味，以期透过林林总总的算法，重构出背后的那幅完整图景，为他们日后在科研和应用中有所发现和发明，在眼界与器识上打下充分的基础。当然，这样的启发和引导必须自然而然，做到内容贴切、形式亲切、情感恳切和宗旨确切。

首先，善用典故譬喻。我会通过"愚公移山"的故事引出"减而治之"的算法策略，也会以"曹冲称象"的故事引出规约（Reduction）的概念。而在讲授各种图搜索算法时，更会用"Theseus 探索迷宫""亚瑟王骑士聚会"等故事做类比，揭示出如何通过模仿自然过程实现高效率的计算。

其次，"通情达理"。在讨论最短路径算法、Quicksort 算法时，我会提及发明者的图灵奖获奖演说，扼要回顾 Dijkstra 在从理论物理转入 CS 专业过程中的纠结、权衡与决断，重温 Hoare 在软件开发过程中屡败屡战的艰辛探索，与学生共同体会大师们对学术、对职业的谦恭，对人生、对世界的敬畏，以及他们对至善至美的执着追求。

最后，批判思维。在讲解 Huffman、Prim 等算法后，我会适时点出"步步最优，未必整体最优"这个往往被忽略的真理。我也会先与学生重温"善

待教训、及早试错、以终为始"等箴言,再通过拓扑排序、BM 匹配、BCC 分解等实实在在的算法,确凿地给出佐证。而在发现散列算法居然能"突破"复杂度下界之后,我更会启发学生去关注直觉的可贵,认识到不仅要精通已有的工具与技术,更要有志于和敢于创造新的计算模型与架构。

点滴体会抛砖引玉,你我相互学习彼此启发,育人路上并肩前行!

因材施教，迭代式备课，以真心换真心

扈志明

大家好，我是数学系的扈志明，我承担的是本科生的"微积分B（1）"课程。以下是我的同行锦囊。

微积分是一个有点儿门槛又不太讨喜的课程，学生常常会有畏难情绪。为了让学生扎扎实实学好这门课，我总结了三点经验。

第一，因材施教。这个道理很简单，但是要做好需要花大力气、下真功夫。学生上的是同一门课，但不同院系的学生对微积分学习的内容和要求有很大区别，所以必须针对不同院系、不同基础的学生进行针对性教学。学生里有普通高考进来的，有通过竞赛进来的，有侧重数学的，也有侧重生物、化学、物理的，等等。学生的数学基础存在很大差异，所以给不同学生讲课，难度上就要有所侧重。对一些数学基础薄弱的学生，我会给他们提供一些针对性的建议和指导。通常在期中考试中，我会发现他们存在的困难，在期中到期末这段时间，多给他们一些帮助。

第二，用心备课。一堂90分钟的微积分课程，就像是一堂精彩的演出，而这场演出的剧本，需要用心设计。我坚持每学期都重新备课，不断更新备课内容，将教学内容不断迭代升级。备课时，每一节课都要有设计，有重点，就像写剧本一样。设计课堂，要有张有弛，有紧张之处，也有愉快轻松的时候，让学生在轻松愉快的氛围里把知识学通透。一门课不能讲得太满，不要"填鸭"，而要"留白"，给学生留下思考的空间，这样才能鼓励学生主动思考。

第三，付出真心。一件事情只要想做好就有可能做好。要热爱这份工作，

才能有强烈的动力去把这门课上好。当老师不是一个谋生的手段,而是在做自己喜欢的事情,在追求自己想追求的东西。因此,我会用心倾听学生的诉求,无论是在生活上还是在学业上,都真心地去关心他们,解决学生的难题。师生之间的信任感建立的基础,我认为没有很复杂的秘诀,就是以真心换真心。

基础与前沿有机融合,开展研究型教学

田 凌

大家好,我是机械工程系的田凌,我承担的是本科生的"机械设计基础(1)"课程。以下是我的同行锦囊。

"机械设计基础(1)"是面向大一学生开设的技术基础课,是机械工程相关学科与技术的入门课。该课程面临的一个突出问题是:内容多,难度大,学时紧。如何在完成繁重教学任务的同时,践行"三位一体"的教育理念,是一个很有挑战度的问题。我做了两个方面的尝试。

第一,完善课程内容体系。通过持续改进授课内容,我建立了基础性与前沿性有机融合的新课程体系。尽管学时非常紧张,但是,新体系坚持夯实基本理论和基础知识,加大课程的含金量,提高课程的挑战度,为学生自主拓展相关知识打下宽厚的基础;同时,将计算机二维绘图和三维建模与制图传统内容深度融合,使工科传统课程的基本原理和方法与现代产品设计理念深度融合。这种融合式的教学体系,在显著提高效率的同时,加深了学生对课程内涵的理解。

第二,改革教学方法。实现讲授型教学向研究型教学转变,从单纯"解题"向"解决问题"转变。通过设置挑战性的实践项目,引导学生在"做中学",从被动的听课人变为主动的探究者,以此培养学生自主拓展知识、独立解决问题的能力。从生产实践和科研成果中提炼适合基础课教学的素材,开阔学生的视野,激发学习动力。同时,结合课程内容特点,介绍我国机械工业发展中的案例,培养学生严谨认真、敬业奉献的责任心和使命感。

我在教学实践中体会到：在基础课这个平台上，不应仅仅满足于完成知识的传授，还应该在能力、价值观方面给学生的成长和进步提供更多的帮助。

理论联系实际，基础融合前沿

王书肖

大家好，我是环境学院的王书肖，我承担的是本科生的"大气污染控制工程"课程。以下是我的同行锦囊。

这门课是一门专业核心课，着重于让同学们掌握大气污染物的产生、扩散、控制原理和技术工艺。它的特点是内容多、难度大、发展快、工程性强，为了更好地践行"三位一体"的教育理念，我主要做了两方面的探索。

一是强化实践教学，理论和实际相结合。在"讲—练—做"的每一个环节，我都紧密围绕解决当前我国大气污染防治的实际问题展开。例如，2020年春季学期，课程引导同学们分析春节假期及疫情之下，为何还会发生重污染的问题，使同学们深刻意识到我国的大气污染防治仍然任重道远。相比"授人以鱼"，我们更重视"授人以渔"。为使同学们真正做到学以致用，我们基于大气污染防治的实践，精心设计课后作业和研究型project。比如，在讲解除尘技术后，请同学们利用课上所学的知识扒皮当前社会上的各种"治霾神器"，以培养学生求真务实、敢于批判的精神。

二是以科研促教学，基础和前沿相融合。依托于我们大气复合污染治理重点领域创新团队的科研力量，持续更新课程教材和改进授课内容，利用《大气污染控制工程慕课（MOOC）》和雨课堂，实现课前预习—课上深化—课后延伸，在夯实基础的前提下，融合大气污染防治技术的最新进展，使学生了解大气污染控制技术不断创新的历程，激发学生的学习兴趣。同时，我们积极推动建设先进的实验教学硬件设施，在课程必选实验的基础上设置研究型创新实验，引导学生开展学科前沿专题研究。例如，学生已经开展了先进烟气脱硝催化剂的研发、大气颗粒物化学组成实时在线监测等研究，提升了学生的自主创新能力与科技强国的责任感。

通过以上方式，课程有效提升了学生分析与解决大气环境问题的能力，激发了同学们献身环保事业的家国情怀和守护蓝天的使命感。提升本科教学质量，我们一直在路上。未来，我们还将进一步贯彻以学生为中心的教学理念，探索小班授课分层教学的教学方法。

逻辑牵引，贯穿古今

马昱春

大家好，我是计算机系的马昱春，我承担了本科生的"离散数学（1）"课程的教学。以下是我的同行锦囊。

"离散数学（1）"是计算机专业的基础理论课，内容包括数理逻辑和集合论。作为大一新生的第一门专业基础理论课，这门课承载着将高中生从数学的演算思维转变为逻辑思维，甚至是计算思维的重任。

我想和大家分享的第一个锦囊就是：**打破思维，追本溯源**。

"为什么 1+1=2？""什么是加法？""什么是 1？"

"如果你站在数学定义概念的原点，你最先需要的定义是什么？"

这些看似理所当然的概念真的就那么理所当然吗？其实，这些概念蕴含着数学最根本的理论和逻辑，而正是这样的逻辑支撑着现代数学的根基，并演绎出计算机学科利用 0 和 1 来表达的信息时代。

相信很多的数理类课程都面临同样的问题，教学内容非常繁杂，但纵观科学的发展，教材上繁杂的定义、公式和证明的背后所凝聚的是几千年来人类智慧的结晶。那么，这些结晶的源头是什么？为什么会有这样的抽象？解释了这些问题，教材上看似独立的知识点就被历史的长河串了起来。作为计算机专业的基础理论课，我们希望面向计算机专业人才培养底层的思维方式，打破固有思维，洞穿古今，以期梳理计算机学科的科学范式。

我想和大家分享的第二个锦囊是：**以小见大，放眼未来**。

当你听到妈妈说"把袋子里的土豆削一半放到锅里煮！"你能想到会有什么样的解读吗？

月黑风高之夜，线索林林总总，你如何抽丝剥茧找到凶手？如果计算机来帮你破案，程序该有什么样的逻辑设计呢？计算机真的能很聪明吗？……

这些看似很常见的小故事、小笑话被拿来作为课程的引子，将原本抽象的符号体系融入生活中的小故事中，由此再提出严谨的数学表达，提高学生的兴趣，引领学生的思考。而作为计算机专业的课程，我们还要再进一步，虽然刚刚开始编程之旅的大一同学还不能完成一个机器证明的复杂程序，但我们期待专业基础课能给后面的课程开一扇窗，铺一段路，提高他们的专业兴趣，放眼未来，立学科之德，树专业之才。

"言传"更需"身教",教学就要身体力行

赵 青

大家好,我是体育部的赵青,我承担的是"沙滩排球""航空体育"等课程。以下是我的同行锦囊。

作为一名教师,要想上好课,就要真真切切地投入到教学中,要爱学生,要脚踏实地地研究教学。33年的教学实践,使我对"言传"与"身教"有了更深刻的认识。它不仅是我教学中的规定动作,更是我从教矢志不渝的初心。"教书"必要"育人","言传"更需"身教"。也许在信息时代,"言传"会被机器代替,但"身教"是不可取代的教学之魂。

"沙滩排球"于2001年开课至今已有近20年了。20年间,无论是天气寒冷,还是烈日炎炎,无论是身体不适还是膝关节手术后,我都坚持做到"光脚"下沙上课,这个小小的细节,感动了学生,也感染了学生。课中为了使学生尽快掌握动作技能,亲自上手打球和抛球已成为我课中的常态。沙排是团队项目,课中我在安排小组练习后,总是提示同学要相互弥补,勇于担当。此时,同学们对团结合作和永不言弃的精神有更深层面的领悟,从而收到了立德树人的成效,同时学生也会受益终身。由于课中长期坚持上手打球,我现在仍然有能力、有体力和学生一起练习,努力营造积极向上和有温度的教学氛围。

往返于抽象与形象之间，体会数学之精妙

杨 晶

大家好，我是数学科学系的杨晶，主要承担"线性代数"等代数类的数学课程。以下是我的同行锦囊。

对很多理工科同学来说，线性代数是较为抽象的一门课，从初等数学到线性代数的思维跨度比微积分和概率统计要大不少。其中的抽象性和技巧性，曾让不少同学苦恼。的确，线性代数中"行列式""矩阵乘法""线性空间"等概念，总是让人觉得突兀、不自然，产生困惑。为了有效解决上述问题，我采用了以下几点锦囊策略：

首先，花力气讲清概念产生的动机和背景。数学教材中的概念往往是"冰冷而美丽"的，短短2~3行的精练叙述，抹杀了其归纳总结过程中思维的火花。于是，我总是通过一些故事和引例，把抽象概念产生的动机和背景介绍清楚，将火热的思考还原给同学们。例如，通过变量替换问题引入矩阵乘法，通过人口迁移问题引入特征值。

其次，在抽象思维的讲述中加入形象的元素。抽象是一把双刃剑，高度的抽象是为了高度的概括性，然而高度抽象会带来认知的困难与学习主动性的破坏。在"抽象"与"形象"之间找到平衡点，例如：用"猫科动物"来类比"内积""等价关系"等用性质界定的数学概念；用足球比赛中"442"与"532"阵型来让同学们对"线性空间"中的11条规定产生兴趣。

最后，在数学理论中挖掘哲理，引导同学们用数学的观点来认知世界。数学不是空洞地了解概念、定理和机械地解题，而是要培养同学逻辑性思维与创造性想象的能力。用向量相等的概念解释赫拉克利特"两条河流"

的哲学命题,体会数学之精练;从"向量越长越容易线性无关"引导同学们掌握更多技能做一个"高维"的人,体会数学之精巧;用降维投影的思想带领同学们了解六维"卡拉比–丘"空间产生的几何图形,体会数学之精妙!

和我一起认知既深刻又好玩的数学吧,育人路上并肩前行!

强度失效准则中的明辨性和辩证性思维

殷雅俊

大家好,我是航天航空学院的殷雅俊,我承担的课程是本科生的必修课"材料力学"。以下是我关于课程讲授的同行锦囊。

材料力学中的"强度设计准则"章节,极好地展现了伟大先驱们思维的明辨性、辩证性和创造性。

该章节涉及一个非常基本的科学问题:已知材料在特殊的、简单拉伸应力状态下的失效准则,如何建立材料在一般的、复杂应力状态下的失效准则?

建立一般的、复杂应力状态下的失效准则,有两大障碍:其一,复杂应力状态下,能够让一点失效的三个主应力的组合,有无穷多种。然而,通过试验"穷举"无穷多种组合,是不可能的。其二,完成任意三向应力试验,技术上是不可能的。

然而,科学探索就是要从不可能性中捕捉可能性——主应力组合是千变万化的,但材料失效的本质是不变的,因此,复杂应力状态下,"假说"材料失效的共同原因,是可能的。基于这样的思想,伟大先驱们确立了如下研究策略:

第一,观察简单应力状态下材料的失效现象;

第二,归纳简单应力状态下材料失效的原因;

第三,从简单到复杂,从特殊到一般:将简单应力状态下材料失效的原因,推广至一般应力状态,进而建立失效准则的一般表达式;

第四,从一般到特殊:借助简单拉伸试验,确定失效的极限值或临界值,进而确定失效准则的最终形式。

上述研究策略,涉及自然辩证法中的如下基本范畴:有限性与无限性,不可能性与可能性,个性与共性,特殊性与一般性,简单性与复杂性,变化性与不变性。伟大先驱们以极高超的明辨性和辩证性思维,从矛盾的对立中寻求统一,最终实现了思维的伟大飞跃,成就了美轮美奂的强度理论。

在授课过程中,我不仅关注强度理论的最终形态,而且聚焦于强度理论的创造过程——从问题的萌发,概念的抽象,思想的生成,思维的飞跃,到理论的建构,精心地引导学生,从先驱们的思想中学习思想,从先驱们的创造中学习创造,从先驱们思维的飞跃中体验人类心智的荣耀。

我期待,通过持之以恒的努力,学生们不仅能够成为力学知识的继承者,而且能够成为科学的思想者和创造者。

教师课堂自信的辩证法

梅赐琪

大家好！我是公管学院和写作中心的梅赐琪。我承担的本科生课程包括"政治学基础"和"讲好知识的故事"，今天我来跟大家分享一下我对教师课堂自信的理解。以下是我的同行锦囊。

让我们从一个问题开始。教师在课上应该呈现出多大的自信力呢？这看起来似乎是一个不需要回答的问题。自信是一个褒义词，听起来应该是越多越好。然而，美德总是自相矛盾的。老师的自信会不会影响到课堂的开放性？老师的自信会不会让学生产生"我不懂，是我的错"的消极心理呢？

我给大家的参考建议是老师**"要自信，也要会认怂"**。

一方面，在课堂上老师一定要有强大的自信，或者用一个时髦的词来说，要有信念感。与学生相比，老师在知识和经验储备上占据优势。也因此，老师应该承担起课堂领路人的角色。老师当然不是全知全能的，但是在课堂上和学生一起面对知识的未知世界时，老师流露出来的犹豫、畏惧以及"高贵"的虚无感，对于学生来说都是非常强烈的负面心理暗示。自信，是教师职业的基本要求。

另一方面，老师也要随时做好认怂的准备。老师只是学科中一个细分领域的研究者。讲授一门课程，难免会有知识的薄弱环节。展现自信的时刻，就可能是老师暴露弱点的时刻。但是，如果弱点被学生抓住，那这既是学生学习的关键契机，也是老师进步的重要时刻。我自己也时不时地会被学生抓到我没有读过的文献、我不知全貌的案例。我的做法是当场就认怂：

留下这个问题,课后迅速找到相关资料,给全班同学写一封信解释,不光提供更对的说明,还要提供我为什么会错的心路历程。

能走上讲台,是我们工作额外的礼物。老师要自信,就算偶尔绊倒了一下,也要自己开心地爬起来。这就是我的课堂自信辩证法。

开展课程思政,解决"思而不学"与"学而不思"问题

姜 朋

大家好,我是经济管理学院的姜朋,我承担的是本科生"批判性思维与道德推理"课程。以下是我的同行锦囊。

在课堂教学中开展课程思政工作,要取得实效,离不开学习者的参与和配合。这也是"外因通过内因而起作用"的应有之意。为此,教师需要充分调动学生的学习积极性和主动性,以克服学生"思而不学"和"学而不思"的问题。

杨绛先生曾告诫青年说:"你的问题主要在于读书不多而想得太多。"这是"思而不学"的典型表现。

给学生提供适当的学习"质料"以便作为学生思考的基础,是推进"课程思政"的重要一环。所谓"适当",一方面是说其内容与课程契合,另一方面也是指其数量、难度在学生承受范围之内。

这就要求教师在遴选教材、阅读资料、讨论素材等方面下功夫,选择那些既契合课程教学目标,又贴近学生年龄、经验特点的材料。

好的、能引发学习兴趣的质料,往往能够达到"人叫人千声不语,物叫人无声自来"的效果。在这方面,校园的近期热点,同学身边发生的事件,学生普遍关注的文娱、影视作品,等等,都可以成为备选的质料来源。

用内容有趣的质料吸引学生,培养其阅读(进而也是学习探究的)兴趣,辅以课程平台的强制性要求,就可以有效缓解甚至解决"思而不学"的问题。

"学而不思"问题,则可以通过运用适当的教学形式来加以化解。教师可以根据课程目标、课程内容进度,设计师生、生生互动环节,以引发

思维的碰撞,推动学生(不只是个体的,更是群体的)思考。此外,布置必要的书面、口头以及实践性作业,也有助于学习内容在学生头脑里"酝酿""发酵",从而实现课程思政入脑入心的目标。

重基础，重实践，重前沿

叶朝辉

大家好，我是自动化系的叶朝辉，我承担的是本科生的"模拟电子技术基础"课程。以下是我的同行锦囊。

这门课之所以被学生称为"魔电"课，是因为学生普遍认为课程很难。为了让学生学好这门课，我针对课程的特点用心设计教学方案，得到了学生的普遍认可。

课程的第一个特点是工程性：需要定性分析模拟电路的特点，合理估算其性能指标。学生具备的是数理基础，缺乏的是工程思维，因此会感觉困难。另外，课程的概念、电路和分析方法非常多，更增加了学习难度。因此我采取的方法就是设计详细的学习指导，包括每节课的知识点及其结构图、重点和难点、思考题，帮助学生抓住要点，强调工程思维。此外，我还设计了自测题，采用雨课堂试卷，帮助学生及时掌握要点，夯实基础。

课程的第二个特点是实践性：不仅要求学生利用仿真软件分析和设计电路，还要动手搭建电路进行实验。学生会遇到各种各样的问题，很有挑战。我采取的方法是，给学生提供几十个仿真电路样例，培训视频，指导他们实践。此外，还提供便携式虚拟仪器和实验板，使学生能够随时随地做实验，而不限于在实验室，增加实践机会，增强实践能力。

课程的第三个特点是发展性：不断创新推动了电子技术的发展，需要让学生了解新发展，培养创新思维。我采取了这些方法：一是与世界最知名的半导体厂商如 Texas Instruments 合作，将其先进的模拟集成电路引入教学，让学生根据兴趣设计创新实验。二是提供大量资料，通过课前播放或者自学，让学生了解集成电路的设计和制造技术，同时组织部分学生参观清华大学微电子学研究所的微纳加工平台，让他们理解我国集成电路技术与国际先进水平的差距，增强他们改变现状的热切心情。三是给学生介绍现代创新的电子产品，使他们理解课程知识与实际应用和创新的联系。四是及时更新教学内容，让学生跟踪新发展。

通过这些方法，学生得以通过"魔电"课的考验，夯实了学科基础，也发展了实践能力和创新思维。

第二章

基础课中的立德树人

　　基础课是学生获取专业基础训练的根本途径。清华大学对专业基础课程高度重视、持续投入，通过基础课帮助学生获得更深厚的发展基础、得到更透彻的学术思维训练、让学生更有获得感，以保障学校教学质量的基本盘。近年来，清华大学持续推动教学改革，加强基础课程教学组织建设，进一步发挥基础课在对学生学习习惯养成、专业能力与价值塑造等方面的突出作用，将基础课程作为落实"三位一体"教育理念的重要阵地。

挑战度和成就感，一个都不能少

朱桂萍

大家好，我是电机系的朱桂萍，我承担的是本科生的"电路原理"课程。以下是我的同行锦囊。

我从 2013 年开始在"电路原理"课程中实施基于 MOOC 资源的小班完全翻转课堂。这种教学模式最大的特点有两个：一是课前要基于 MOOC 自学几乎所有的理论内容，课堂时间以讨论和做练习为主；二是将实验与理论有机结合，基于便携式实验设备自主完成大量的验证性或研究性实验，既激发了同学们的学习兴趣，也有助于大家更加深刻地理解抽象的基本概念。

这种教学模式对于同学们的挑战无疑是巨大的：既需要大量课外时间的投入，也可能出现对实验方案一筹莫展的情况。在这种情况下，如何保护好同学们的学习热情，帮助他们克服困难，达成一个个小目标，不断收获成就感，就变得非常重要，否则这种教学模式就变得不可持续。为此，我主要采取了以下措施：

一是对每一讲整理出若干知识点，在课前发给学生，使得预习成效可检验，课堂提问更直接。

二是鼓励合作，包括课堂对知识点的讨论、对综合题的练习以及实验方案的设计，都可以以小组形式进行，每个人都有机会抱大腿，但也不能总抱大腿。

三是加强过程性考核。在课程的成绩构成中，从线上学习、笔头作业、课堂答题、实验到期中、期末都有占比，处处有考核，从另一个角度看也是处处有收获。

课程的挑战度固然重要,学生的成就感同样不可忽视。一门成功的课程,挑战度和成就感,一个都不能少。

因材施教，教学相长

赵 亮

大家好，我是化学系的赵亮，我承担的是本科生基础课"有机化学 B"。以下是我的同行锦囊。

"有机化学 B"是生命科学学院、医学院等院系本科生的基础课程。由于多数选课同学是大一新生，在高中阶段的化学基础不同，课程授课面临难度与进度不易把控、内容多但学时紧等问题。同时，如何展现有机化学的魅力，激发非化学专业学生的学习兴趣，特别是培养学生用有机化学的视角去认识和理解生命科学、材料科学等领域的问题，也是教师需要认真思考的问题。我主要采取了两方面的教学举措。

第一，因材施教，丰富教学内容。激发学生学习兴趣的最好方法是引起他们的共鸣，让学生体会到有机化学与其所学专业的密切关系。因此，在帮助学生建构有机化学整体知识框架基础上，我通过不断更新改进教学内容，在课堂上列举有机化学与其他相关学科交叉研究实例，引导学生利用所学的有机化学知识去理解认识生命、材料等学科的重要科学原理，让他们真切感受到有机化学作为基础学科的重要性。

第二，充实自我，教学相长。有机化学的魅力在于常学常新，不断发展的有机化学理论与知识体系既为课程教学带来了挑战，也为课程改革提供了动力。我将日常科研工作中所接触到的有机化学研究进展进行筛选凝练，通过每年课程教学素材的更新，开阔学生的研究视野。特别是介绍我国学者在有机化学领域的重要研究进展，可以在激励学生的同时培养他们的使命感。

总之，科学在不停地进步，也需要传道授业解惑的老师不断更新自己的知识体系，追求更高效的教学手段，让清华的基础课教学更有竞争力。

站在研究者的角度学习

陈永湘

　　大家好，我是化学系的陈永湘，我承担的是本科生"有机化学 A2"理论课程。以下是我的同行锦囊。

　　有机化学是物质科学领域中侧重于研究有机分子与分子聚集体的实验科学，教学内容体量庞大。学生的刻板印象是：知识点繁多重记忆、千头万绪难理清，因而产生畏难情绪。秉持清华大学价值塑造、能力培养、知识传授"三位一体"的教育理念，我开展了以下教学尝试：

　　第一，采取研究型案例研讨授课方式，引导学生掌握重要反应及其机理。基于有机化学的学科属性，我以提出科学实验中的问题为契机，激发学生的兴趣和主动思考的内驱力。遵循"物质结构决定性质和反应活性"的核心理念，引导学生针对关键问题，结合已掌握的有机化学知识和思维方式，站在研究者的角度（代入感强），先大胆提出分析假设，再考虑采取合适的实验手段去探究和论证反应的机理，最后总结归纳出基本规律，并推演到分析判断同类型其他反应的机理和调控因素。

　　第二，将有机化学重要知识点与前沿应用研究相结合，拓展学生的学术视野。有机化学的许多基础知识点发现早，相关实例比较陈旧，学生常有所学理论与现代有机化学前沿研究有距离的感受，不易产生学术共鸣。因此，在教学过程中，适当引入相关前沿研究进展，有利于拓展学生的学术视野，更大程度上激发他们探索未知领域的热情。如：经典的酰基亲核取代反应在现代有机化学、生物化学、材料学、药学等领域都有新应用和新发展，硫酯介导的酰胺键形成反应是蛋白质化学合成的核心步骤，酯基交换反应是构筑一类新型可降解材料的关键点。

第三，培养学生的科学精神和研究态度，帮助学生树立正确的价值观、人生观和世界观。在羧酸的酰基亲核取代反应章节，通过阅读原始文献和观看纪录短片，带领学生回顾了我国科学家在20世纪60年代的艰苦环境下，利用酰基叠氮与氨基的缩合反应，在世界上第一次得到了人工全合成的、具有天然活性的蛋白质——"牛胰岛素结晶"，挑战了人类化学合成的极限，为制备和改造生物大分子提供了重要途径。通过这种方式，课堂激发了学生的民族自豪感和自信心，引导学生学习我国老一辈科学家严谨、求实、创新、拼搏、奉献的科学研究精神。

高效利用课堂演示实验，复现理论形成过程，培育学生的创新精神

魏 斌

大家好，我是物理系的魏斌，我承担的是本科生的"基础物理学"和"大学物理 A"课程。以下是我的同行锦囊。

这两门课是物理类专业学生的基础理论课，教学目的在于深入讨论基本物理原理，掌握对物理概念、物理图像的阐释与理解。为了让同学们更好地将所学知识与实践相联系，我们将课堂演示实验融入到教学过程中，激发同学们对物理的学习兴趣。学校物理演示实验室准备了数百个不同的课堂演示实验，我们根据教学需要，运用以下几种方法将演示实验与课堂教学有效结合：

第一，利用演示实验引入新的物理问题。课程在讲述新的物理知识前，我们会介绍相关的物理研究发展过程，描述这一领域的物理现象和规律。此时展示一组与这个知识内容有关的演示实验，能让同学们对新的物理问题建立起直观印象。之后，教师再解释对这些实验现象的抽象化分析过程，给出物理模型的定义，让同学在掌握物理模型的同时，能够理解模型在哪些方面对实际现象进行了简化。今后在实际应用时，同学会自然地意识到模型应用的限制条件。

第二，利用演示实验加深对物理规律的理解。我们在讲述一些重要的物理规律或物理现象时，会依托实验装置的结构示意图进行理论分析和数学计算，进而讨论改变实验装置结构或参数后可以获得的结论。如果同学只看装置结构图，只听课，有可能会偏重于记公式和记结论，而忽视了物理分析的过程。我们在课堂上用实验装置的实物做一次演示实验，调整实

验装置复现理论分析中涉及的各个变化条件,让同学观察和对比不同的结果,与理论分析实时对照。这样,就能有效帮助同学理解抽象的物理知识。

第三,利用演示实验引导同学发扬创新精神。物理研究中有一些重要的实验,揭示或检验了重要的物理规律,例如迈克尔孙-莫雷实验揭示了光速不变现象。讲课中不仅要分析这些重要的实验过程,讨论实验结果,更有意义的是结合实验装置,提出问题引导同学进行思考:当时为什么要设计这样的实验装置和实验步骤?假设同学处于当时的技术水平,怎样设计独特的实验装置来研究这个问题?依托重要的实验装置或是装置照片进行课堂讲解分析,引导同学进行不受限制的讨论和分析,能够帮助同学锻炼综合分析问题和提出解决办法的能力,发扬物理学习和知识运用中的创新精神。

不断探索教学方法，培养学生科学精神

焦 雷

大家好，我是化学系的焦雷，我承担的是本科生"有机化学 B"课程。以下是我的同行锦囊。

我讲授的课程与很多理科课程具有相同的特点：内容涵盖面广，知识点多，技术性强，需要通过一学期的教学将一个学科的基本概要呈现给同学们。

刚开始承担教学任务时，我更多关注的是本学科的知识传授和能力培养，在课程内容的准备和设计上更多地将教学精力放在确保知识点的覆盖面和讲清逻辑关系上，很少能够将课程内容与立德树人结合起来。在这类课程的讲授过程中，如何能将"技术性"很强的知识传授与课程思政有机结合，使学生掌握具体知识的同时塑造其价值观，是我几年讲课过程中一直在思考的问题。

去年，我旁听了系里资深教师所讲授的基础课，使我受益良多。通过听课，我学到了如何在看似枯燥的理科知识点讲授过程中引入课程思政的元素。在对一堂课的重要知识点进行讲解时，不再采取直接引入的方式，而是首先厘清这一知识点在学科中的产生背景和历史，进而通过提出问题的形式逐步接近主题。在备课中我重视呈现人们对一个问题认知的发展过程，特别是对问题的谬误认识与后来的修正，并简要地穿插介绍能够体现其品格与科学精神的科学家故事。我希望，学生能够体会到知识发现过程中如何发扬科学精神，以及从前辈科学家的经历中学习在面对利益冲突时如何进行抉择。

这学期开始，我在授课中有意识地采用以上方式进行尝试。我发现，与之前相比，授课内容的吸引力更大，同学们上课的专注力有显著的提升，师生之间的眼神和语言交流也更充分。在完成知识传授的同时，也体现了课程立德树人的重要功能。

以"真相"为饵,立象以"尽意"

牟 鹏

大家好,我是机械工程系的牟鹏,我承担的是本科生的"机械设计基础(1)"课程。以下是我的同行锦囊。

机械设计基础(1)是工科院系本科生的学科基础课,工程图是课程讨论的核心对象,也是表达设计思想、连接设计和制造的桥梁。"一张纸、一盏灯、一张工图画一天"的调侃,是学生对制图课的普遍认知。但课程的学习过程果真如此吗?工程图中到底隐藏了怎样的"真相"?这门基础课程,有必要树立学生正确的"工程图价值观"。

为了达到这一目的,课程致力于丰富教学内容的维度,提升课程的内涵。课程以工程图多学科的"真相"为经,以基础知识为纬,通过精心设计的教学案例穿针引线,将经线和纬线编织成一张多维立体的"全景图"。

在这张"全景图"里,学生将学会:如何打通认知的任督二脉,追寻图中的音乐、艺术真相,发现工程的艺术之美;如何从知识要点上升至方法论,从"优术"到"明道",在格物而致知中追寻图中的哲学真相,打造学习的"独孤九剑";如何从知其然到知探索,追寻图中的科学真相、培养学术志趣;如何厘清知识的来龙去脉,在从《列子》的"枉直随形,屈伸任物"到现代投影理论的知识传承中,去追寻图中的文化真相和感受家国情怀。以经纬之多维共振,达"立象"以"尽意"之目的。

这样一张"全景图",可以将学生眼中"硬核"的画图过程变成追寻图中真相的有趣历程,让学生不仅"不忘初心(基础知识)",又能"与时俱进(探索学科前沿)",还能"牢记使命",在发现和感受机械之魅力的前提下,乐于投身到传统学科的学习和研究之中。

第三章

通识课中的立德树人

作为实现通识教育目标的重要载体，清华大学通识课程以"立德树人"为根本，突出思想性、引导性和非功利性，强调教育的长远效用，旨在培养具有健全人格、创新思维、宽厚基础、全球视野和社会责任感的创新性人才。清华大学的通识课程由两部分组成：第一是通识必修课程，即"写作与沟通"课程，要求学生在大一期间完成；第二是通识选修课程，其中包括人文课组、社科课组、艺术课组和科学课组，要求学生在每个课组中至少修读2学分。为发挥优质通识课程的标杆导引和示范作用，促进通识课程质量的进一步提升，清华大学从2019年开始，设立评选"通识荣誉课程"。截至2022年底共有4批34门通识课程入选。

将"珍惜生命，呵护你我"的信念根植于每个人心中

裘 莹

大家好，我是医学院的裘莹，我承担的是本科生的"走进医学"通识荣誉课程。以下是我的同行锦囊。

在此之前，我讲过很多医学生的专业课。在"理论—案例—求证—反思"中穿插游走的医学课程中融入"医学思政"，为的就是培养一批医德高尚、医术精湛、服务人民群众的卓越的好医生。而面向非医学专业的学生，我思考了很久，"走进医学"这门通识课程到底该怎样向学生们传达医者的信念和情怀？

以生命的起源作为课程的开始，通过给学生讲述生命的诞生—成长—成熟的艰辛历程后，学生们反馈于我的是他们对生命产生了更崇高的敬畏。在急救方法这一讲中，课程组老师与他们讨论了一个路人在黄金4分钟里抢救一个呼吸衰竭病人的案例。对于病人来说，这4分钟可能处于生与死的边缘，而对于这个路人来说，在这有限的时间里，他根本来不及思考自己的责任和利益。通过这一案例，我想，他们体会到了作为一个人，在他人患难之时，分秒必争，与时间赛跑，救死扶伤，呵护他人的精神。

当进入传染病一节，我们与学生分享了一幕幕医者—患者与新冠病毒抗争的惊心动魄、起死回生、互相照顾、关心你我的动人故事，课堂上屡次响起的掌声让我感触到与学生的心灵碰撞。这些掌声或许给了我一种反馈：通过这门课程，我们不仅传递了一些常见病多发病的救治知识和科学思维，更多地是向他们传递了作为一个普通人应该具有的信念，那就是"珍惜生命，呵护你我"，并将其根植于每个人心中。

一篇论文的诞生到一堂课的设计

顾 涛

大家好,我是人文学院的顾涛,我承担的是本科生"《史记》研读""孔子和鲁迅"等课程。以下是我的同行锦囊。

将科研与教学相结合,科研成果能够有效地转化为课程教学资源,是清华大学教学工作能够取得显著创新的巨大优势。这些年来,我对"教学就是学术"的体会,越来越深刻。

一篇学术论文的诞生,一般来说要经历如下七个步骤:选题,深度研读(或者田野,或者实验),提出创见,写出初稿,润色修改,投稿,发表。每一个步骤都十分重要,视不同的研究对象,花费的时间和精力不完全相等,研究者沉浸其中,付出巨大心血,有激情四射之时,也有困顿郁结之刻,酸甜苦辣,非亲历者、非多次亲历者,不足以道其刻骨铭心。

一堂课的教学设计,理应同样经历这样一番"炼狱"。难以忘记航院薛克宗教授的告诫:课堂教学创新的对立面,就是照本宣科,平淡少疑,课堂沉默!我作一个注释:这个"照本"的"本",可以是书本,也可以是ppt。要避免课堂平淡,最佳的方式之一就是将自己的科研成果融入教学。然而这一融入式教学,决不能停留在将科研成果做成一次学术会议报告的层面,因为行内专家能理解的,学生未必能听懂;也不能停留在做成一次学术演讲,因为演讲是以教师为中心,课堂则是以学生为中心。科研有机地融入教学,将成果写入 ppt,成为课堂的内容组成,相当于"初稿"甫成的阶段。后续要不断润色修改,将教师的思路和心路传递给学生,更要将教师的激情与甘苦濡染给学生。一堂课的教学设计,密切关注学生的收获度，修改三轮以上，应该达到可以自信地去"投稿"的阶段。

当这一堂课还在"发表"的路上，另一堂课的润色与修改早已被提上日程。

唤醒好奇,重视口语,通达生活

刘 晗

大家好,我是法学院的刘晗,我承担的是"法律思维"课程。以下是我的同行锦囊。

这是一门通识课,试图突破专业壁垒,带领各个专业的本科生了解法律人思考和解决问题的基本思维和独特方法,掌握解决复杂疑难问题的思维工具,同时在价值层面塑造学生的法治理念、规则意识和公平正义观。

那么怎样在教学过程中实现这些目标呢?

第一,以趣味和好奇作为教学的起点。我们生活在信息时代,每个同学都有智能手机,很容易分心。因此,怎样激发学生兴趣,保持学生注意力就是一切教学效果的前提。我试图在每一节课开始的时候,都用一个有趣的案例或者问题来作为切入点,比如"打官司和吵架有什么区别""西红柿究竟是水果还是蔬菜,这个问题上过法院",等等。这样同学们会感觉,"这个事情好有意思",就更容易跟下去了。其实,学习都源于好奇心,而趣味是好奇心的起源。因此,趣味不仅是教学的佐料,更是知识的入口。

第二,以自然语言交付专业知识。换句话说,就是多用口语表达,少用专业术语,而且尽量把专业术语翻译成日常语言。比如,法学当中有个概念叫举证责任,非常专业,为了让学生好理解,我告诉大家:"就是说,如果一个案子的真相实在搞不清楚,谁会输。"这样,学生们回想,"哦,原来是这么回事。"在这个基础上,再做更为深入和专业的讲解,这样学生能够听得懂、记得住。

第三,将课程内容下沉到生活场景当中。"法律思维"课里面不但有各种跟生活密切相关的案例,比如个人数据保护方面的热点案件。而且,我在讲课的时候还有个口头禅,经常是在讲完某个法律的知识点后,我会说"我们生活当中也是一样"。比如,在讲程序正义的时候,我会讲一个杂志的主编怎么模仿法庭程序,设立家庭法庭,来调解两个孩子的矛盾。这样的话,学生能够更好地理解法律,并且能够在日常生活中提高运用法律思维解决矛盾的技巧。

总而言之,通识课的关键在于"通",以上的三个锦囊,都是想让学生尽快突破专业壁垒,学到通用智慧,塑造共通的价值理念。

用社会之镜来反观自我

阎　琨

大家好，我是教育研究院的阎琨，我承担的是本科生的"社会科学研究方法论导论"课程。以下是我的同行锦囊。

要构建起系统全面的社会科学视野，系统的方法论训练必不可少。想成为合格的社会科学学者，既要有透过现象看清本质的洞察能力，也要有撸起袖子踏实研究的实干精神。社会科学研究方法论导论课程的目的，就在于帮助同学们建立一套完整客观的社会科学方法论体系，从而揭开社会科学研究的神秘面纱。

希腊德尔斐神殿上镌刻着著名箴言"认识你自己"。很多时候我们无法看清自己，所以拉康说要有镜子。社会学的价值正在于提供了这样一面反观自我的镜子。在社会学课堂上，有着个体叙事的生动和鲜活，有着故事表达的本能和冲动，有着我者和他者的交汇与包容，有着心灵与自我的证据与足迹。

课程在西方经典理论和方法中间，穿插一个又一个事例或是社科领域的经典研究。从个体成长到结构功能主义，从孩童时代回忆的深切关怀到着眼于身份认同的个案研究，从文化族群差异到符号互动理论，试图以此如芥子纳须弥般带领学生叩开社会科学研究殿堂的大门，亦形成关于世俗伦纲的洞见。那些遥远的概念，那一个个有趣的社会学谜题，可以帮助学生感受到社会学特定研究方法的精妙所在。由此，同学们与社会学经典命题直接发生"对话"，并在"种族""阶层""性别"等不同视角下展开讨论，深化对于"人与社会"这一宏大命题的感悟。

这个过程奇妙而美好,每周 90 分钟的课堂中,希望同学们能尽情感受作为一个充满生命力的个体,作为社会宏观结构中的一环,其可为与不可为的限度、命运之力与奋斗拼搏的意义。涵泳其中,学生不仅能获得专业领域的基础知识,更重要的是,得以鸟瞰社会结构和社会现象。唯其如此,才能明确一己之力与世界洪流的关系,更好地为国家和社会的进步做出贡献。

以历史认识科学，培养超越的勇气

杨 扬

大家好，我是生命科学学院的杨扬，我承担的是本科生"生命科学简史"通识荣誉课程。以下是我的同行锦囊。

现代科学史研究关注社会、文化、经济和政治背景下的新问题，而科学和科学家们身处于这些背景之中。我的课程不仅想让学生掌握生命科学从起源到当下的飞速发展的理论和技术，更重要的是想让学生们认识到生命科学的发展在人类社会文明的地位，认识到生命科学史和人类历史的密切联系。为此，我准备了三个锦囊。

第一个是"从科学难题的破解历程出发"。比如科学家们如何从肺炎的研究中发现遗传物质的奥秘；如何从不小心感染的培养基中获得灵感，进而研制出疫苗；以及如何从染色技术中寻找到思路来治疗癌症，等等。通过讲授科学家破解科学难题的过程，可以锻炼学生发现问题的敏锐性，培养他们进行批判性思维的能力。

第二个是"联系具体事件来展示历史"。我们在课堂上会以人类基因组计划、抗生素的发现、艾滋病的历史等为切入点，介绍理论发展和技术攻坚。同时，学生们会就相应的社会话题，比如测序技术的普及带来的争议、抗生素的滥用、世界各国如何面对疫情等展开讨论。

第三个是"以历史来认识科学"。19世纪拉马克提出获得性遗传的观点，经历了在20世纪被质疑、而到了21世纪又被表观遗传数据所支持的过程。我们在课堂上展示这一科学发展的螺旋式上升和科学家的发现故事，希望转变学生们自然而然认为科学家具有权威性而不可挑战的观念，树立他们在科研上敢于做少数派的自信。

从降维到升维,从俯视到平视

钱 静

大家好,我是社会科学学院心理学系的钱静,我承担的是"心智、个体与文化"及"心理学入门"通识课程。以下是我的同行锦囊。

心理学通识课吸引了不同背景的学生。学生对这门课的预期不同、基础不同,能力也不尽相同。如何把一门内容丰富、体系多元、文理交融的课程,在一学期内呈现出来?我的做法是**先降维,再升维**。

降维分为两步。第一步是为学生搭建认知图谱。我把本学期要覆盖的主题、核心概念以及知识点,通过详细的教学大纲描绘出来。第二步是对知识进行模块化处理,使知识得以沉淀。我按照认知图谱的主题,制作了"走进心理学"的慕课,把大部分课程内容沉淀为42个视频,共计446分钟。通过慕课,可以帮助学生厘清脉络,把知识点凝结在一张平面图之上。学生凭借认知图谱,就可以按图索骥,开展自主学习。

有了慕课后,面授课堂该如何教学呢?这便需要将课堂升维。为此,我开始尝试混合式教学。混合式教学需要将线上学习与线下学习相结合。一方面我经过反复尝试,改良设计,慢慢把课堂时间越来越多地交到学生手中。另一方面我力图在45分钟内,把学生们从课本、慕课所接触到的知识点在课堂上立起来。在跟学生分享讨论的过程中,利用历史资料、访谈录像、研究文献等材料,使得核心概念可以得到立体展现。一个知识点,不再是平面上的一个点,而是"有前有后""有上有下""有血有肉"的立体结构。"有前有后",就是说学生能够理解问题是怎么提出来,又是怎么被解决的,它的未来还有哪些更待探究和解决的好问题、大问题。"有上有下",就是说问题的基础概念是什么,应用场景是什么,与哪些学科可以交融,未来可以如何展望。"有血有肉",就是通过呈现学科发展的故事,让学生体会背后的治学态度、价值关怀,以及如何看待学术研究道路上的成功与失败。

从降维到升维指的是对课程内容的构建,而从俯视到平视是我慢慢体会到的对学生的态度。从俯视到平视,需要以开放的心态,站在学生的角度,对待课堂传授的知识并还原"学习"的过程。这是我4岁的女儿给我的启发。我以前总是站在大人的视角,告诉她应该学什么、做什么。现在,我学会了俯下身来,与她平视,以她的视角去看、去学习、去理解、去领悟。我认为教学也可以有这样更加开放、包容的心态,让教师从"台上说教"转变为"身边引导(教导)"。与学生并肩前行,才可以成为最好的向导。

于细微处见真灼，于无声处塑人格

王大亮

大家好，我是医学院的王大亮，我承担的是本科生通识课"疯狂的细胞"。以下是我的同行锦囊。

"疯狂的细胞"课程主要讲述关于肿瘤学的发展史，肿瘤的流行病学与预防，肿瘤的病因与发病机制，肿瘤的诊断与治疗等内容。考虑到医学课程兼具自然科学和人文科学的双重属性，教学过程中我们通过恰当的思政方法将思政元素如盐在水、润物无声地融入到课程教学中，这样既做到了课程思政，也有效促进了非专业学生对于专业知识的理解。

第一，在知识细节中体现思政元素。回顾肿瘤学发展史中对于中医的关注，了解肿瘤病因中对于预防空气污染等可持续发展战略的关注，学习肿瘤诊断与治疗中对于医患关系的关注，探索肿瘤机制中对于创新科研的关注……总之，思政元素在肿瘤知识教学中的每一章节都可以挖掘它的存在。

第二，在教学细节中体现思政方法。一张图片、一个案例、一道题目、一则故事、一篇文献，甚至是一句感人的话，对于促进学生更好地理解医生职业的不易、改进医患关系，看到我们国家在肿瘤事业取得的进展，激发学生未来从事肿瘤事业的热情，增强科研创新硬核能力的挑战都是有益的思政教育。

于细微处见真灼，于无声处塑人格。医学通识课，课程思政与医学教学同向同行！

调动学习兴致，启发智慧沟通

郝 洁

大家好，我是经济管理学院的郝洁，我承担的是经管学院本科通识必修课"沟通基础"。以下是我的同行锦囊。

在清华大学 8 年的从教过程中，我已经迎来送往了 2000 多名优秀学子。秉承清华大学的教学理念和经管学院的培养目标，我不断尝试新的教学方法，希望在这些璀璨、独特的生命中留下一些思想、植入一丝情怀，帮助其塑造更加健康自信的人格。

显性的专业知识往往在隐性的日常触动中燃化，从而得到丰盈完整的传递。在科技发达的今天，教师们可以通过先进多元的教学方式去讲授规范的理论和技巧，而真正唤醒学子们的内在动力去接受、沉淀并转化为生命力的往往还是教学过程中的人文举措。

经过近几年的摸索，我在 2021 年的课程教学中更加注重以下三点：

第一，调动学习兴致。我常常会用同学们关心的时事和生活中的问题作为切入点展开理论学习和探讨；会在 16 周的学期里安排一次艺术博物馆访问，尝试与古今中外的艺术家们来一次"沟通交流"；也会选择在阳光明媚的午后带着向往自然的学生们走出教学楼开展户外学习。希望这些调动学习积极性的方法帮助他们学以求真。

第二，探索知识前沿。在信息化时代，我尝试拓展沟通专业的前沿，在理论和实践两个维度增加虚拟沟通模块。一方面引导学生们深入思考沟通的本质、要素和挑战；另一方面要求学生们完成 5 次线上科普小视频作业，以此提高作业的真实性，帮助他们学以致用。

第三，鼓励合作共赢。我在考核方面大幅降低考试分数的比重，在注重个人平时个性发展的同时强调同伴学习。每节课堂上都设计了小组讨论环节，并尽量保证小组成员性别、专业、成长背景的多元性和参与度。希望以此来促进大家养成公平待人待己、协作共赢的好习惯。

希望我讲授的"沟通基础"课能够帮助学子们开启"自我寻觅"之路，在漫长且短暂的人生中，通过真诚智慧的人际沟通和自我沟通不断发现、认识并把握更好的自己。

为了中国与世界秩序的未来

鞠建东

大家好,我是五道口金融学院的鞠建东,我承担的是本科生的"中美贸易争端和全球化重构"课程。以下是我的同行锦囊。

2018年3月23日,中美贸易争端爆发。2019年春季,清华面向本科生开设"中美贸易争端和全球化重构"通识课程。中美贸易争端对全球贸易、经济、金融、技术、制度、文化、政治与治理体系的巨大影响,使得"国际(中美)贸易争端"作为一门学科正在诞生。这门课程作为"国际贸易争端"学科的开创课程,运用经济学的理性分析方法,以国家的利益冲突为出发点,以长期增长为中心,以经济基础与上层建筑的矛盾与均衡为思路,系统分析国际贸易与金融争端,以及世界秩序的演变。通过十二讲的内容将中美贸易争端和世界秩序演变最前沿的学术、政策研究带进课堂,使同学们在一个系统的分析框架下,学习、理解、研究中美贸易争端和世界秩序的历史、现状与未来。

在教学方法上,为充分提升同学们课上参与度与课后讨论积极性,我先以完善的课程内容和分析框架为基石,再通过系统的课上讲授+课下讨论形式,将200余名同学分成6人小组,编入4个小班,由4个助教分别管理。每逢双周周末,各小班都会组织课后展示。与此同时,在小班展示中建立完善的打分评价体系,并在大课上向全体同学分享表现良好的小组成果。因此建立了全新的大课小班联通的课程体系,促使同学们积极参与讨论,不再单向接受。

中美贸易争端与全球化的重构,是"百年未有之大变局",是一个发生在当下、持续数十年的大事变,其发展的态势将影响并决定中国、美国与世界的未来。中美竞争,取决于我们的认识水平,取决于我们的教育,取决于我们的人才储备。今天的学生,是10年、20年之后中美竞争的主力军,世界的未来寄希望于我们今天的在校生。

美育在于润物无声

张 伟

大家好，我是艺术教育中心的张伟，是清华大学学生艺术团舞蹈队指导教师，也承担本科生通识课"舞蹈审美与创作实践"。以下是我的同行锦囊。

作为一名专业舞蹈老师，面对通识课中没有舞蹈基础的同学，让他们主动跳舞，还要创作，这"靠谱"吗？

用最自然的方式发觉舞蹈，把最真挚的感受付诸编创。这个课程突破了模仿动作的教学手法，课程的第一部分是课例，将主要环节设定为主题导入、纯粹体验，以引发学生一系列的创造性活动并分享自身感受等，力求打通舞蹈原理与其作为生命情调外化形式的本质之间的关系，将感性活动和理性思维并轨，从而全面开发身体智能。比如，第六讲《环境舞蹈》在户外"荒岛"进行，从庄惠之辨"游鱼之乐"开始，立足物我两忘、寄情于景的中国传统美学理念，将身心置于环境之中，让学生有了纯粹的体验之后再进行编创。要知道，经典作品往往源自透彻的心灵体验。

从"写作"视角出发，通过"艺"实现"人"的教育。课程的第二部分是作品创作，以创作为手段，以"身体写作"的视角，引发自我认知——用身体思考、传达内在、张扬生命力，展开舞蹈服务于人的多种可能性探索。开课8年以来，本课程共收获原创作品40余个，如《礼赞》《生命》《童年不再》《谁偷走了我的灵魂》等，都源自学生真实的感受。在期末学生反馈中的关键词有：解锁身体、用身体表达、心与心的沟通、释放压力、每周最开心的事情、很"靠谱"的课，等等。

用简单的、富有趣味性的方式去触碰舞蹈于生命最为本质的意义，这是我教学的追求。美育在于润物无声，愿能滋养国之栋梁。

第四章

文科课中的立德树人

　　清华大学文科课程注重关注学术前沿、社会现实和学科的综合交叉，强调人文精神的传递和科学精神的培育。近年来，清华大学文科课程持续推动教育教学改革，深入挖掘课程思政元素，优化课堂设计、案例选取和教学方法，将人文精神传递和专业能力培养融为一体，结合专业要求引导学生关注现实问题、深入社会实践、深刻理解社会主义核心价值观、自觉弘扬中华优秀传统文化。

中国哲学中的智识训练与人格修养

李 震

大家好，我是新雅书院的李震，我承担的是本科生"中国哲学"通识课程。以下是我的同行锦囊。

"中国哲学"既是新雅哲政经（PPE）专业的必修课，又是主要面向大一学生的通识课。这种复合的性质决定了"中国哲学"这门课必须兼顾专业能力和通识素养的培育。与此同时，作为一种精神传统，中国哲学具有兼重求真、求善、求美的特点。这种特点决定了"中国哲学"这门课不只是一门知识课，也是一门思想课；不能只有智识的训练，还必须同时也给学生以人格的导引和情感的陶冶。离开了价值维度的中国哲学，是不完整的。

为了兼顾专业性、通识度和价值培育，我在课堂讲授中，特别着意选取中国哲学传统的精华内容和核心经典，通过贴近文本的讲读，一方面努力培养学生文本细读和概念分析的专业能力，另一方面致力于将经典当中蕴含的价值维度自然地展现在学生面前。在《四书》中，《大学》对修齐治平的期许，《论语》对忠信孝悌的提揭，《孟子》对浩然之气的高扬，以及《中庸》对诚与中和的描摹，这些都不只是纯粹知性分析的结果，更是人格修养的体验和心得。这些价值性的内容人人可以体会，但又只能通过情境性、学理性的讲述才能得到凸显和深化。教师的任务就是通过真诚、恰切的讲授，让中国哲学的精义与学生的心灵相遇。

不同于纯粹知识的标准、普适，德性的塑造似乎往往更多依赖教师个人的阐发和课堂情境的引导。这对教学提出了复杂的要求。我的体会是，有必要对课程加以系统的设计，让课堂的内容、形式和氛围共同组合成推动知识和德性修养的力量。古诗有云:"道不虚行只在人。"教学既是知识的传授,更是人格的培育,而所有这些传授与培育的前提,永远是教学者自我的投入与成长。

涵养心性，心有家国

赵金刚

大家好，我是人文学院的赵金刚，我承担的是本科生"宋明理学"课程。以下是我的同行锦囊。

宋明理学是中国哲学重要发展阶段，因其特点，也被称为"心性之学"，其与人的身心发展关系十分紧密。以往的宋明理学教学，往往侧重知识的传授，强调把哲学思想讲出来，而较少注重结合理学的自身特点与学生的切身问题开展立德树人、家国意识培养。

我在上课过程中特别重视学生现阶段的身心发展问题与理学思想的呼应。如面对学生"卷"的焦虑问题，在课程设计上我把"青年王阳明"作为一个独立的环节进行讲授，透过王阳明的生命历程，特别是他在焦虑中的自我突破，讲明"立志"的意义，进而让学生反思自我处境与古人生命、学问的关系。

此外，理学家特别重视家国情怀，在这点上，我在课程内容上突出了一些人物和细节。如在理学的引入时特别注意范仲淹这个人物的意义，特别是范仲淹对宋代士风的砥砺以及他"忧以天下，乐以天下"的精神；在讲授朱熹时则重视他与辛弃疾、陆游的友谊，以及提出文天祥与朱熹之间的关联，文天祥的《正气歌》与朱熹思想一脉相承。

当然，如何深入挖掘中华优秀传统文化中的这些资源还需要进一步探索，特别是如何做到"随风潜入夜，润物细无声"更是一个问题，在讲授相关问题时如何做到不刻意，值得进一步研究。

从现实出发，思考问题背后的体系

张晓燕

大家好，我是五道口金融学院的张晓燕，我承担的是研究生的"金融衍生工具"课程。以下是我的同行锦囊。

在教授金融衍生工具这门课过程中，很多同学关心的只是定价，而忽视了风险管理的大概念。这种情况是我们在学习生活中常常会遇到的。很多时候大家总关心如何去做，而忽视了去主动思考为什么这样做。只会直接套用公式，不从整个问题的高度上来考虑，这样就容易被问题牵着走，习惯人云亦云，没有对实际的了解，没有创新，这就不能满足我们清华培养领军和创新类人才的要求。

我的方法是把学生带入现实中，启发他们从当事人的角度考虑问题，定义问题，展开头脑风暴，先了解其他人是怎么做的，思考我们能做什么，再考虑问题背后的根源是什么，解决问题要观察哪些层次，这样才能真正清楚下一步该如何做。我非常鼓励同学们多问"为什么"，而且鼓励他们自己找出答案与全班同学分享，再举出实际中成功和失败的例子给同学们做参考。在这个过程中，同学们会产生很多想法，每次讨论都会是不同见解和方法的碰撞和交流，而且能收到很多有价值的反馈，就会达到非常好的学习效果。

总结一下就是紧密结合实践，从现实出发，深入思考问题背后的根源和体系，多问为什么，多反馈，多讨论，这样才能真正理解问题并掌握解决问题的能力。

将习近平新时代中国特色社会主义思想融入课堂

龙 俊

大家好，我是法学院的龙俊，我承担的是本科生"亲属与继承法"以及研究生"物权法专题研究"等课程。以下是我的同行锦囊。

法学中的民法学主要讨论平等主体之间的关系，一般不涉及当下的政治内容。因此，如何将课程思政融入民法学课程，是教师需要主动思考的问题。

学习习近平新时代中国特色社会主义思想后，我时常思考其与民法学的连接点。在全程参与民法典立法后，我对习近平新时代中国特色社会主义思想的指导意义有了新的认识。于是，我尝试并将这些新思考融入到课堂教学中。例如，习近平总书记在中共中央政治局第十三次集体学习时指出要"深化金融改革"以及"平衡好稳增长和防风险的关系"。

在近年讲授有关金融担保的法律问题时，我都会引用习近平总书记的讲话内容，将相关内容与法律课程紧密结合，分析民法典为何要做相关的担保改革。再如中央全面深化改革领导小组第五次会议审议了《关于引导农村土地承包经营权有序流转发展农业适度规模经营的意见》等多个政策文件，习近平总书记在会上提出农村土地所有权、承包权、经营权三权分置。随后，我紧跟政策导向，将三权分置的相关理论充实到课程中。在每次物权法的课上，我都会讲授中央关于三权分置的精神以及目前理论界对于三权分置问题的研究现状，并与学生热烈探讨三权分置的法律构造方案。这样，同学们不仅学习到了物权法的相关知识，也让大家深刻了解到了最新的政策。

从结果来看，这些尝试都取得了良好的教学效果。

探索"法条+案例+理论"教学新模式

任 重

大家好，我是法学院的任重，我承担的是本科生和研究生的"民事诉讼法学"课程。以下是我的同行锦囊。

"民事诉讼法学"课程直接回应了党的十八届四中全会对诉权保障的高度重视，是让人民群众在每个司法案件中感受到公平正义的重要保证。然而，"学生难学，老师难教"是民事诉讼教学普遍存在的问题，原因在于，民事诉讼不仅以庭审为中心，而且紧扣实体法。为了使学生更有获得感和满足感，我践行科研反哺教学，提出三项举措，即以线上/融合教学模式为代表的教学模式创新、以案例分析六步法为重点的教学方法创新和以民事诉讼第二课堂为核心的教学场景创新。以下是我关于线上教学的做法。

经过线上教学的试验，我提出"随时都是office hour（课余交流）"，创建微信交流群，根据周次和内容给学生写信，并制作10万字课程问答实录集，在此基础上为每位同学提供详尽的个性化发展建议。同时，在教学过程中，我积极探索"重点法条+经典案例+基础理论""三位一体"民事诉讼教学创新模式，融贯民事诉讼案例分析六步法，取得了较为理想的教学效果。

为了增加与选课同学的互动交流，同时进一步服务校内外民事诉讼学习者，我根据学习进度推送学习微博66篇，阅读量80余万人次；开设民事诉讼微信学习公众号"众说民诉"，记录民事诉讼教学心得和学习建议，并邀请相关领域的优秀学者线下主讲"作者说""译者说""青年说"和"大家谈"四个板块，阅读量3.2万人次，2000余人持续关注，其中大多数是法官、检察官和兄弟高校师生。利用新媒体,民事诉讼课程在服务清华学生的同时,面向全社会宣传法治中国的瞩目成就,坚持立德树人,德法兼修,努力培养造就一大批高素质法治人才及后备力量。

上述教学内容和模式创新获得了学生和学校的积极反馈和认可,并作为唯一入选清华大学首批未央计划的研究生法学课,向非选课同学开放克隆班,总选课人数近 400 人;"重点法条+经典案例+基础理论""三位一体"教学新模式入选清华大学在线教学创新案例。而在"融合式教学让知识开放共享"的民事诉讼线上线下融合模式专题采访和新闻报道中特别引用了如下这段话:"学生们最大的收获是坚定了对司法公正的信仰,不仅如此,他们还学会了如何通过理论与实践实现司法公正,让人民群众在每个司法案件中感受到公平正义。"

多语能力，专业思维

张叶鸿

大家好，我是人文学院外文系的张叶鸿，我承担的是"德语（第二外国语）""德语语言文学导论"以及英文专业课"当代西方文艺思潮""文学与认知"等课程。以下是我的同行锦囊。

我在上每一堂课的时候，面对同学，内心都充满这样的愿景：希望他们未来能以充沛的文化自信和学术自信，以流畅雅正的语言能力，扎实广博的学科素养，前沿创新的专业思维和国际视野，与同行沟通交流，甚至在某领域引领学科发展。

面对繁多复杂的知识脉络和理论概念，教师需要不断提炼授课内容，不断凝练重要框架与核心问题，不断思考不同理论之间的关联。教师归纳、提炼自身对知识体系的感悟，对于课堂讲授非常重要。授课是在与同学们分享对所授内容的感受与体验，而这些感悟在现有的教科书或专业资料中还难以找到。这些带有学科系统性的经验感悟会使同学们对领域的核心问题更为敏感，会启发他们的批判性思维和学术想象力。

语言是文化的载体。通过语言，人们认识世界，并与世界沟通交流。我在教授语言和文化的课堂上，注重将语言立体化，使学生拥有一定的文化在场感。在课堂上，我突出重点，把握细节，展现语言所带来的文化想象，让学生在循序渐进的学习过程中认识文化的精髓。比如感受德语严谨的语法所体现的缜密的逻辑思维能力，进而感受不同文化的特质与共性。透过语言深入思维，不断激发学生运用母语、英语、第二外语的多重视角进行思考。

在清华大学,我坚持德语、英语双外语教学。虽然辛苦,但希望身体力行示范于同学们,使他们认识到掌握英语作为交流和学术的世界通用语言的必要性,以及第二外语对于开阔视野与思维的重要性。无论是讲解语言还是理论溯源,我都借助汉语、英语、德语所在文化的传统与共性进行多维视角的剖析,从而使同学们更能认识到人类命运共同体的思维共性。

带"数字原住民"穿行于历史和未来之间

王 媛

大家好,我是图书馆的王媛,我承担的是本科生"文献检索与利用"(社科类)课程。以下是我关于课程设计的同行锦囊。

"文献检索与利用"(社科类)是一门面向人文社科类本科生开设、以"提升学术信息素养和数字素养"为核心目标的课程。在信息随时、随地易得的今天,如何帮助"数字原住民"建构全文献观,带领他们自由穿行于历史和未来之间,这是文献检索课普遍面临的挑战。价值塑造、能力培养、知识传授"三位一体"的教育理念和课程思政建设为信息素养类课程设计打开了新的思路。

应用检索构建历史纵深,激发学生兴趣,通过真实的检索案例连通文本知识与个人感受。一位美国九旬老人通过网络寻找他大学时的中国舍友戴强生。在这次寻人检索之旅中,我们从故纸堆里找到了《江北乐碛戴氏宗谱》,遇到了这位 Johnson Tai,即长期从事对外贸易管理工作的戴强生,遇到了我国著名金融外交家戴乾定先生,还遇到了戴强生的胞弟戴宜生——一个出身富豪之家的革命者,一个学问扎实、多才多艺的清华校友……检索"破案"的经过,既讲授了不同文献类型的检索知识,更将政治认同、青年报国等元素巧妙融入其中。

文献检索课不仅要在文献中建构历史纵深感,更要与学生一起塑造面向未来的信息思维。信息技术不断发展、迭代,如何筛选和评估信息,如何正确地使用和分享信息,如何掌握最新的信息检索方法和技巧,如何规范地进行学术引用,这些都是课程中需要回应的。对信息真伪的执着探索,对学术道德的反复强调,融入到每一堂课的教学中,"如盐化水"、润物无声。

在 21 世纪,信息素养被认为是所有社会成员应具备的与"听、说、读、写、算"同样重要的"元素养"。我的文献检索课堂将课程思政建设与信息素养能力有机融合,帮助学生在检索方法和检索技能提高的同时,构建可迁移的检索思维,养成严谨的学术态度,树立正确的信息价值观和社会责任感。

在语言与思想的交互中把握文明瑰宝

蒋　澈

大家好，我是人文学院的蒋澈，我承担的是本科生的"拉丁语基础"课程。以下是我关于课程设计的同行锦囊。

这门课程主要面向人文学科的学生，旨在培养学生使用西方古典语言阅读文献的能力，主要以西方古典文本为核心的阅读材料。如何处理这些阅读材料与当下中国所需要的价值观之间的关系，是我开展课程思政时思考的主要问题。我认为，西方语料在内容上的主体地位，并不意味着价值观上的西方中心主义。学生在学习欧洲古典语言时，他们的情感、心态和所处环境仍然是中国的，这一点贯穿于整个学习过程。我敬佩历史上的玄奘法师，愿像玄奘法师一样，和学生一道从我们共同生长的地方出发，坚韧、扎实地认识远方文明的瑰宝。

这就要求由近及远地设计课程材料，并加强课程内容的思想性。在语音学习阶段，我采用简短凝练的国内外高校拉丁语校训作为最初的朗读练习，这是因为学生身处大学环境，而这些校训又是关于求学修身的隽永句子，符合学生的一般价值期望。学生自己读出的第一个拉丁语句子是清华大学的格言"行胜于言"。在课后，我布置学生朗读《论语》《大学》等中国文本的拉丁译文，学生因为能用一种西方古代语言读出承载着中国思想的文句，体会到历史上东西方文明交流互鉴的实际例子，普遍感觉兴趣浓厚。在后面的课堂翻译练习中，我努力选取具有较强思想性、可深入讲解的西方经典文句，这些材料往往本身也是典故。

此外，课程有待解决的问题主要集中在教材建设上，特别是文选部分如何广泛地选择不同时代与地域的拉丁语文献，体现出拉丁语在不同文化背景中的历史多样性，这一点尚值得继续探索。

游于艺而志于道的文学课堂

熊 鹰

大家好，我是人文学院的熊鹰，我承担的是日新书院本科生"世界文学经典研读与专题研讨"的课程。以下是我关于课堂设计的同行锦囊。

怎样让学生在文学的课堂中既获得专业知识、接受学术训练，又能够得到心智和品性的塑造，是我在设计课堂时一直考虑的问题。为此，我进行了如下探索。

首先，我尝试在对话与交流中构建开放型的课堂。我打破了传统课堂的空间局限，配以相关内容的"世界文学研究工作坊"和"多学科交叉研究工作坊"，将它们作为课程的辅助环节，为学生创造和国内外知名学者直接交流的机会。通过参与这些前沿的学术活动，学生们不仅可以开阔眼界、锻炼自身的能力，更重要的是，他们还能由此体会到比较文学的学科特性，养成开放、对话性的学术思维和人格。

其次，"纸上得来终觉浅，绝知此事要躬行"，我在作业中增加了调查环节，让同学们到图书馆走一走，亲自动手检索和翻阅相关主题的书报。我也尝试设置诸如访谈、撰写学科史等需要走出书斋的研究项目。学生不但由此了解到了就在身边的清华人文传统，更明白了学习与研究都不能脱离现实，要在现实中思考、发现并解决问题的道理。

最后，我尝试构建师生从游的持续型课堂。我会根据学生们的作业情况，引导他们继续参加科研活动或读书会。此时，师生关系已经从任课教师和选课学生的关系转变为导师和学生的关系。此举既提升了学生的研究能力，也让学生在耳濡目染中形成一定的学术品格和志趣。课堂教学也由此转变为师生从游的一个环节。

通过以上种种尝试,我希望把文学课堂变为集专业知识传授与品格塑造为一体的课堂。

以人为本，营建美好城市

梁思思

大家好，我是建筑学院的梁思思，我承担的是研究生的"城市设计理论与实践"课程。以下是我的同行锦囊。

本课程致力于分析中外城市设计的难点、重点问题，引导学生将改善人居环境品质、满足"人民日益增长的美好生活需要"的信念融入到日常学习工作中，树立以人为本的城市设计价值观。

城市空间是"物"，但城市的形成非一日之功，而是来自长久历史发展的积淀，并与人的生活息息相关，因此，城市设计的教学需要始终聚焦从"物"到"人"的空间营建理念，例如，在讲授"旧城传统住区更新"时，我将"自上而下"的规划思维和"自下而上"的居民需求相结合，引导学生探寻困境破解之道；在讲授"公共空间的场所营造"时，讲述居民接受采访时提出的建设需求，我让学生真切代入和了解良好公共空间的原则；在讲授"私有公共空间"时，我构建起多元主体视角的分析框架，深入浅出阐述规划管控的成效得失及其背后谋求最大公众利益的初心。

要讲出从"物"到"人"的理念，需要在教学准备中注重三点。一是扎根一线。我所在的城市设计教师团队长期深度参与多个国家城乡建设前沿实践，并将其作为教学案例的核心素材，这样才能更好地讲出背后的故事，才能把物和人结合起来。二是追本溯源。不仅讲述物质空间的设计原则，更追溯提出设计理念和原则的学者背后的动机和思考，如此方能厘清为什么人设计、为什么而设计，也才能讲出"物"背后对"人"的思考。三是直面复杂。城市空间营建涉及多利益主体，其从设计、实施、运维到最后投入使用的过程极具复杂性,甚至充满矛盾和争议,但正因如此,才更需要透过对复杂性的讲述,传递给学生这样的理念——城市设计者的研究和实践工作要根植于中国城市现状,要与人民的切实需求紧密结合。这样,才能实现用生动的故事和鲜活的案例将专业讲授与学生价值塑造紧密结合起来,激发学生运用自身专业力量改善民生、营建美好中国的使命感和责任感。

逐层递阶式课程培养学生的创新思维

伍 珍

大家好，我是社科学院的伍珍，我承担的是本科生的"普通心理学""普通心理学进阶""前沿创新研究"等课程。以下是我关于课程设计的同行锦囊。

现阶段学生还较多地延续着追求"标准答案"的思路，对创新性问题的探究往往没有明确答案或唯一解决办法。如何培养学生具备创新思维，敢于质疑和独立思考，是我在教育教学中一直考虑的问题。为此，我尝试构建功能互补、有机衔接的"课程包"，探索如何逐步培养学生的创新思维。

"普通心理学"是大班基础理论课，我结合时事热点导入课程内容，通过如"现在的孩子越来越脆弱吗"等社会关切的问题，引导学生系统地理解、掌握、运用现有心理学知识体系和学科架构，激发学习兴趣。

"普通心理学进阶"是小班专题研讨课，我着重围绕经典研究和前沿热点研究展开深入学习，通过大量阅读、写作、研讨，引导学生进行批判性思考，培养学生的问题意识和求真务实的精神。例如，设置辩论"记忆越准确越好吗？"，引导学生讨论记忆的本质以及遗忘和错误记忆的适应性，鼓励学生思考"常识"的相反面，批判由常识主导的行动，思考应对方案，并在写作中反思、总结和升华。

"前沿创新研究"课是个性化指导的实验实践课，我以"一对一"的形式，帮助学生解构科学研究步骤，支持学生发现问题—提出假设—设计实验—收集数据—分析结果—撰写论文—交流发表，在每一个环节提供及时的有针对性的反馈，在真实的学术研究中培养学生的创新思维和创造性解决问题的能力。

三门课程逐层递进,在记忆、理解和运用知识的基础之上,强化分析、评价、思辨能力,进而在学术实践中磨炼创新。我希望,课程学习能激发学生的好奇心、挑战欲和追求真理的内驱力,培养创新思维,未来做出有原创性的成果,成就心理学的"清华学派"。

第五章

理科课中的立德树人

  理科类专业课程，要注重科学思维方法的训练和科学伦理的教育，培养学生探索未知、追求真理、勇攀科学高峰的责任感和使命感。清华大学理科课程将教学与前沿相结合，通过多种方式深入开展教学改革，注重提升学生学习兴趣，引导学生将学习和研究相贯通，锻炼和培养学生发现问题、提出问题、分析问题和解决问题的能力。

独立思考，提问质疑，引领真理之光

王 青

大家好，我是物理系的王青，我承担的是本科生的"费曼物理学Ⅱ"和"电动力学"课程。以下是我的同行锦囊。

这两门课对物理专业学生极具挑战性，是大多数物理学堂班学生必选的课。我们希望通过学习，可以让学生对物理更感兴趣。为此，我们对"费曼物理学Ⅱ"和"电动力学"进行了教学改革探索，创造出一套问题驱动式的互动教学模式。随后又运用现代教育技术，分别形成了以微课和以精品慕课为基础的翻转课堂混合式教学模式。

大学物理教育的目标应该是培养学生"应对未知的能力"。自然界作为人类所面对的最大的未知，对它的探索、理解和领悟的历程是对"应对未知能力"的最好培养和锻炼。自然界中各种事物之间的相互关系和运动规律，乃至它们背后的底层的物理规律及其所蕴含的思想，本身也是身处浩渺宇宙的人类在认识自然时需要领悟的内在价值观念。科学的发展和社会的进步需要能反映真理的思想来引领。要真正把握这些思想，需要学生的独立思考及同学—同学和同学—老师之间的相互讨论、质疑和争论。

应对未知的方法，无非是发现问题、提出问题、分析问题和解决问题。传统教学主要强调后面两步，忽视前面两步，这是导致著名的李约瑟难题和钱学森之问的根本原因。因此，我在这两门课的教学过程中尤其重视发现问题和提出问题能力的培养。教学改革的核心在于，将以教师讲授为主的课堂变为以学生提问讨论为主的课堂。我们让学生在课前通过预习，报告自己独立提出的问题，通过网络投票选出最受关注的问题，在课上开展充分和深入的讨论，由此实现以学生为中心的教学设计。

教学与前沿结合,学习与研究贯通

刘玉身

大家好,我是软件学院的刘玉身,我承担的是研究生的"数字几何处理"课程。以下是我的同行锦囊。

数字几何是一种随着三维扫描设备的应用和普及而逐渐新兴的数字媒体形式。"数字几何处理"这门课程,以对三维形状的理解和分析为背景,介绍数字几何处理的相关理论与方法。该领域的研究和发展非常迅速,近几年从传统方法向深度学习等新兴方法过渡的趋势也愈发显著。三维计算机视觉、计算机图形学、自动驾驶等应用领域对数字几何处理技术的需求正在快速增强。因此,我把"数字几何处理"课程的教学内容聚焦在了领域前沿,致力于将课程内容与学生的个人研究有效结合,努力引导与培养学生的主动学习能力与实践能力。

"数字几何处理"的课程改革主要从如下三个方面入手:

第一,教学内容紧跟最新研究发展。这门课程每年会迭代至少 30% 的教学内容,更新的部分全部为当年学术会议或期刊(如 CVPR 会议、ICCV 会议)发表的有影响力的前沿研究。

第二,"学""研"结合以保证学以致用。"数字几何处理"课程在大作业的设置上,要求同学们结合课程内容和自身研究方向,自主提出并完成一个研究课题,并鼓励同学们踊跃将研究成果凝练、投稿、发表至领域内的顶级期刊、会议中。近两年选课同学的研究论文成果颇丰,如 2019 年有 3 名学生的课程大作业质量很高,总结凝练后发表在了 2020 年的 CVPR 会议、2020 年的 ICML 会议、2020 年的 AAAI 会议,2020 年也有 2 个课程大作业成果投稿至 2021 年 CVPR 会议。

第三，注重技术与应用的紧密联系。我在"数字几何处理"课程中不仅会深入讲授前沿技术细节，同时也会注重技术创新在实际生产中的应用联系（如讲授点云分割技术时，会介绍自动驾驶中的物体识别问题），引导同学们思考既有学术价值又有实际应用意义的科研问题。

教学与前沿结合，学习与研究贯通，与学生并肩前行，是我对教学始终不渝的追求。

以"三位一体"教育理念指导教学

吴华强

大家好,我是集成电路学院的吴华强,我承担的是本科生"半导体物理"等课程。以下是我的同行锦囊。

"三位一体"教育理念对教学有重要的指导作用,知识传授是基础,能力培养是拓展,价值塑造是关键,三者互相促进,缺一不可,共同帮助提高教学质量和教学效果,目标是培养既具备坚实系统的专业知识,又具备浓厚家国情怀、优秀人文素养、全面均衡能力的又红又专清华人。

在知识传授方面,我会思考怎样更好地吸引学生的注意力,即便是晦涩难懂的专业知识,也希望学生能够全身心地投入课堂。在上课时我会为每一位学生都制作桌签,使学生产生新颖感,让老师更加方便提问。试想一下,一节课里有 20 多次的提问,同学们还会走神吗?

在能力培养方面,我希望通过课堂教学帮助学生提升解决问题的能力、创新思维能力和沟通表达能力。一方面,我会通过系统化的实验课程教学,帮助学生独立完成三极管、二极管、电容、电阻、电感及 MEMS 器件的制备,并完成电学测试来验证所制备器件的性能,让学生在动手中提高解决问题的能力。另一方面,在课堂教学里设计许多贴合生活实际的创新性问题,如在《半导体物理》课程中提出了"一个空白 U 盘与存满数据的 U 盘在质量上是否相同"的问题,鼓励学生在思考后表达出自己的观点,既锻炼了创新思维能力,又训练了沟通表达能力。

在价值培养方面,工科教学也要注重将价值观教育融入其中。我会在课堂讲授中适时向学生介绍国内外集成电路产业发展的形势,介绍我国面临的"卡脖子"严峻难题,从而激发学生学习热情和家国情怀,希望有更多的学生真正热爱集成电路产业,在未来的事业选择中能够投身集成电路产业,为国家集成电路产业做出贡献。

"大师"为引,"前沿"为托

张扬军

大家好,我是车辆学院的张扬军,我承担的是本科生的"流体力学"课程。以下是我的同行锦囊。

"流体力学"是交通运载、能源动力等工科专业的核心基础课,它的特点是理论性强,对数理基础要求较高。我希望学生通过课程的学习掌握经典的流体力学概念和分析方法,具备解决流动相关实际工程问题的能力。为了让同学们重概念重方法重应用,获取知识的同时不忘回报社会,我一直进行着两方面的努力。

第一,以"大师"为引,回顾经典。流体力学源远流长,历史上涌现出了一代代"大师"。我在进行每章节的授课过程中,都会介绍历史上具有代表性的流体力学大师,引导同学理解大师们思考的过程和解决问题的方法,以培养同学的科学素养。

第二,以"前沿"为托,面向未来。流体力学发展与工业文明紧密相连。选修本课的多是交通和能源专业的学生,我会介绍流体力学在这些领域的前沿应用,使同学在掌握流体力学基本规律和分析方法的同时,了解现代前沿科技是如何影响世界发展的,以培养同学的创造性、发散性和创新性。

在教学实践中,我始终相信,工科课程不仅教授学生专业知识和能力,更应该向学生传递积极健康的价值导向,为学生的成长提供更多的帮助。

有温度的教学——反馈环节的思政践行

周在莹

大家好,我是工业工程系的周在莹,我承担的是本科生的"线性回归分析""统计计算与软件"等课程。以下是我关于学习反馈中立德树人的同行锦囊。

近日著名歌手李玟离世,引发了社会大众对抑郁症的关注,关于大学生遭遇抑郁的报道也随之出现。父母的期待、同辈的优秀以及自我的高要求造成"内卷",卷不动就索性"躺平"。一线教师深感思政育人的重要性,而反馈环节或许是应对"内卷""躺平"这些问题最有作为的平台了。

反馈性原则指的是在教学过程中,教师和学生要从教学活动中及时地获得反馈信息,及时地调节、控制教学活动和学习行为,提高教学和学习的效率。当学生明确知道学习目标或者学习活动的积极价值,期望达成预期的学习效果,感知到来自周围环境的支持时,就可能产生强烈的学习动机,克服学习中遇到的障碍而坚持到底。因此,如果我们能在反馈活动中唤醒或是强化学生的正向动机,则师生之间会产生良性互动,建立信任,从而使课程思政春风化雨。此外,相较于课堂教学,在课后、office hour(课余交流)制度中和学生的面谈更有利于深入了解学生的想法以针对性地开展德育工作,氛围也比较轻松。比起专业的心理医生,我们所具有的优势在于:能够从专业课程中给予学生直接的指导。一切从专业学习出发,解决学生真切实际的困难和"内卷""躺平"的诱因。良好的学习反馈能够引导学生深入理解课程内容,为其未来投身科研培养出大胆质疑、求真务实的意识。当一个人拥有感兴趣的事物,为自己的行为赋予积极的意义时,那么焦虑、迷茫或是空心病就会大概率得以痊愈。此外，学习反馈中及时的肯定和鼓励，不仅可以提高学生的学习兴趣、增强自信，还可以拉近师生距离，使得学生更愿意听我们说"为人处事的道理"。在这个过程中，我们对于学生的关爱得以最大程度地体现，会促使学生反思情绪，重建价值。

  总之，教师精进自身业务水平，将关爱润物细无声地传递给学生，才能使教师端"课程好＋思政巧"的理念切实落地为学生端"业务强＋三观正"的成果。

第六章

工科课中的立德树人

工学类专业课程,要注重强化学生工程伦理教育,培养学生精益求精的大国工匠精神,激发学生科技报国的家国情怀和使命担当。清华大学工科课程坚持问题导向,注重理论联系实际,基础融合前沿,将学科发展史和国家技术发展史相结合,引导学生在提升专业技能的同时,关注国家发展重大战略需求,增强对国家发展重大战略需求的关注,树立技术创新和科技报国的自觉。

鼓励做高水平研究，建立跨年级的学术共同体

郭庆来

大家好，我是电机系的郭庆来，我承担的是研究生的"高等电力网络分析"课程。以下是我的同行锦囊。

这门课主要是为电力系统方向的一年级研究生开设的，选课学生以博士生为主。如何通过课程学习夯实研究生的专业基础，提高研究生的创新和解决实际工程问题的能力，并帮助他们牢固树立起正确的学术规范意识，是我在这门课程中着力解决的问题。

我强化创新导向，鼓励同学结合自己的研究问题，去做深入思考，完成高水平的"探究性论文"。每年同学们的研究报告都将汇编成册，供后续同学借鉴。这种不限主题、无标准答案的研究，给了同学们充分的创新空间。多名同学的课堂论文经过修改后，发表在本学科顶级学术期刊上，很多同学在我这门课程中完成了他们人生中第一篇真正意义上的学术论文。

通过调研已结课的学生，我发现，随着科研工作的深入，他们对于课程所教授的知识又有了更深的理解。为此，对于每个同学完成的"探究性论文"，我模拟学术期刊的投稿与评审架构，引入"同行评议"机制，每份研究报告都将经过两位曾经修过该课程的高年级同学的匿名评审。这样，每个同学在读期间，至少会有两次机会，在不同时间节点参与到这门课程中，实现了上课同学和高年级学长的互动与双赢。

课堂知识的学习和最终应用存在一定的"时差"，反思我们所做的课程设计，实际是在解决和利用这个时差，弥补传统教学模式的不足，围绕课程内容打造一个涵盖多届学生的微型学术共同体，实现研究生全培养周期内的闭环育人。

关注技术的历史与运用，培育轻松的课堂氛围

陈志勇

大家好，我是精密仪器系的陈志勇，我承担的是本科生的"控制工程基础"课程。以下是我的同行锦囊。

"控制工程基础"是一门技术基础课，课程需要帮助同学们掌握扎实的基础理论，获得一定的实践能力。此外，课程还需要让同学们了解国内与控制技术相关的工程发展情况；对于较难理解的和枯燥的教学内容，还需要有效提高同学们的课堂兴奋度。为此，我准备了两个锦囊。

第一个是讲历史和现实。航天是一个与控制技术紧密相关而且有显示度的领域。我在概论中会介绍钱学森先生对国家航天事业的贡献，介绍我们神舟九号与天宫一号的自动交会对接、火星探测器的发射等航天事业的进步。这样，同学们一方面对控制工程有初步的认识，另一方面通过了解国家科技实力由落后状态迅速追赶并逐步接近国际先进水平的历史过程，同学们也可以体会到前辈科学家的科学精神和家国情怀。

第二个是讲典故。例如，讲到通过增大闭环系统的环路增益，似乎既可以提高响应速度又可以降低稳态误差时，我会感叹道："善莫大焉！"然后就讲"善莫大焉"这个词的出处："人谁无过？过而能改，善莫大焉。"通过引用类似的典故，只要花不多的时间就可以使课堂教学显得不那么单调，同学们也可以放松一下。这对于调节课堂气氛，调整同学们上课的状态，还是很有好处的。当然典故里面也总是有些道理的。

激发学生兴趣，激励学生成长

邱 睿

大家好，我是工程物理系的邱睿，我承担的是本科生的"辐射防护及保健物理"课程。以下是我的同行锦囊。

这门课是一门专业核心课，着重于让学生了解辐射防护的基本知识，熟练掌握各种射线的防护方法、剂量计算和测量方法等，并帮助学生树立对待辐射的正确态度。它的特点是理论性强、概念复杂、知识点繁多，讲起来容易枯燥。

如何能让学生对这样一门可能枯燥的课产生兴趣，并获得真正的成长呢？以下是我的两个锦囊：

第一，我采用案例教学方式，以激发学生兴趣。我精心设计了多个案例，把当前的国际前沿问题、自己的科研成果和生活中的问题等纳入其中。例如，其中一个案例是讨论航天员在航天活动中所受辐射的剂量评估。在案例分析中，学生会带着问题去思考和讨论，从而更加深刻地理解概念的应用问题。我还设计了贴近生活情形的作业题，让学生尝试用课堂所学知识去解决实际问题。例如，吃一个香蕉所致的待积有效剂量，学生初看会犯憷，无从下手，但经过深入思考后再做出来，就会有很强烈的收获感。

第二，我采用多元化的奖励方式，以激励学生成长。每个学生都有其特点，我希望能帮助他们发掘自己的优势。对于大作业，我推荐的题目有不同的类型和难度，学生可以自主选择，或者自定题目。设置多元化的加分项目，比如精彩发言、大作业展示和优质点评等都可以获得一定的加分，这样的安排使得学生可以充分发挥自主性。我在课堂上设置了精彩发言奖，每节课都选出一位获奖学生,我会写一封亲笔信,信中告诉他哪一点令我印象深刻,还会写上一句励志的诗句或古文,与他共勉。

通过这样的方式,学生们觉得这门课不仅有趣,不仅能够解决实际问题,还会感受到老师对待课程的认真态度和对他们的真诚关爱。价值理念和爱的传递,在工科课上也可以很自然。

抓住汽车构造的基本原理，厘清科学创新的历史过程

刘亚辉

大家好，我是车辆与运载学院的刘亚辉，我承担的是本科生的"汽车构造（2）"课程，也就是讲授汽车底盘构造的课程。以下是我的同行锦囊。

这门课是一门专业核心课，也是车辆工程专业课组中的入门课，着重于让同学们掌握主流汽车底盘各系统和主要部件的功用、基本结构和工作原理等。这门课的特点是知识点繁多、理论难度较大，讲起来容易枯燥。为了让同学们对学习内容感兴趣，进而形成工程表达能力，树立技术兴业强国的价值观，我做了两个方面的尝试。

第一，从底盘结构的功能出发，以工作原理探求为牵引，讲解基本构型，举一反三点拨前沿构型。汽车构造形式多种多样，面面俱到容易使同学落入"走马遍观花，花花皆多姿，但讲心里话，纷繁又芜杂"的困惑。因此，不能被大量的结构实例所束缚，要避免为结构而讲授结构。为此，要抓住具体构造实现特定功能的初衷，理解背后的原理，我着重从构造的基本功能和原理出发，引导同学们理解最基本的结构形式，进而从基本形式出发，拓展到其他的构造形式。这种教学安排，能加深同学对知识的理解和掌握。

第二，在教学内容中加入底盘结构发展史，通过追溯发展历史，尝试复盘工程结构中思想创新的历史过程。清华大学青教赛"祖师爷"薛克宗老师常引用教育家傅鹰先生的一段话来教导我，"一种科学的历史是那门科学最宝贵的一部分。科学只给我们知识，而历史却给我们智慧"。通过引入汽车底盘结构的发明发展历程，引导同学们学会追本溯源，从第一个发明第一个专利开始，了解知识背后的发现过程。在此过程中，学生从被动地

听课变为主动地学习探究,逐渐理解工程技术中的创新思维。同时,我也注意结合我国成功的科研案例,特别是自己的科研转化成果,培养学生认真严谨的科学态度,以及以技术兴业强国的责任感与使命感。

在不断自我学习和教学实践探索中,我体会到,工科课不仅可以变得有趣易学,还完全可以在能力、科学思维和价值观方面给同学们以更大的启迪。

结合技术与时政，探索体验式课程思政

孙 凯

大家好，我是电机系的孙凯，承担本科生课程"电力电子技术基础"的教学工作。以下是我的同行锦囊。

工科教学中如何做好课程思政，我觉得关键在于要与教学内容和内在规律紧密结合。我和课程组同事在以下两个方面进行了探索和尝试。

第一，贴近时政案例、优先身边实例，多维度丰富"讲授式思政"。我所讲授的电力电子技术，是支撑电力能源、航空航天、国防军工等国家重大需求的关键基础性技术之一。因此，有丰富的素材可以用于课程思政，而我们选取思政案例的原则是"贴近时政要点，优先身边实例"，从我国自主技术的飞速发展和中外横向对比等多个维度来丰富"讲授式思政"。

近年来，中美贸易摩擦日趋激烈，美方对我国先进核心技术的研发持续打压，核心芯片和工业软件首当其冲。我们所在的电力电子领域也是"重灾区"之一。目前，我国在电力电子装备和工程建设领域已经处于世界领先。然而，美方通过将我国部分企业、高校列入"实体清单"，从而限制高端电力电子功率器件和工业软件的对华出口，对我国未来先进电力电子装备的发展和安全带来了严重的风险和威胁。

面对严峻的形势，作为清华人应该如何应对呢？我们身边的很多老师为同学们树立了榜样。电机系曾嵘老师带领团队研发出新型大功率电力电子器件"IGCT Plus"，性能超过国外同类产品，已成功应用于世界上电压等级最高的多端柔性直流电网工程。赵争鸣教授带领团队提出"基于离散状态事件驱动的仿真方法"，并形成国产自主电力电子仿真软件DSIM，捐赠给受美方制裁影响的哈尔滨工业大学和海军工程大学两所兄弟院校。临危不惧,迎难而上,彰显了清华人的责任与担当。

第二,亲手实践,中外对比,新形式拓展"体验式思政"。工科课程教学有其独特的规律,实验教学占有重要的位置。因此,课程思政不仅可以通过讲授来实现,还可以与实验教学有机结合。

从 2010 年开始,"电力电子技术基础"课程在蒋晓华老师的带领下,开展了"挑战性自主实验"的教学改革与探索,每年都会遴选出多名对电力电子技术兴趣浓厚、动手能力强的同学独立设计、研制完整的电力电子装置(PWM 整流器、并网逆变器、电机调速控制器、开关电源等)。从 2020 年开始,我和同事、助教一起着手建设基于 100% 国产元器件的实验平台,包括国产 MCU、FPGA 和 SiC 功率器件等核心元件。支持学生基于全部国产元器件研制自主可控的电力电子装置,并与采用进口元器件的装置进行性能比较。

通过这种"沉浸体验式思政",一方面使同学们建立对自主核心技术的充分自信;另一方面也希望同学们客观地了解国产器件与进口器件的差距,潜心学习,练好本领,将来为解决"卡脖子"问题贡献自己的力量。

手脑并用,深入一线做教学

朱 宁

大家好,我是建筑学院的朱宁,承担"木材产品传统工艺理论与实践"课程,主要从事建筑学实践教学和老旧住宅改造技术研发。二者看似不甚相关的方向,在建筑行业的存量时代被紧密地连接在了一起。

中国共产党的十九届五中全会通过的《中共中央关于制定国民经济和社会发展第十四个五年规划和二〇三五年远景目标的建议》明确提出实施城市更新行动。这个"行动"对建筑学教学提出了哪些要求?很明显,要真的动起来,而不是说句话、画张图就可以实现规划目标。因此,建筑学的基础教学要贯彻实践意识,培养动手能力,普及行业知识。

近几年我开设了"木材产品传统工艺理论与实践"课程(简称"木工课"),让二年级以上的建筑学学生自己设计并且动手制作一件桌椅尺度的家具。学生们从哆哆嗦嗦拎起凿子、手锯,到驾轻就熟使用电锯、机床,能看到每个人在 16 周课程中的成长。但是,木工课不是培养木匠的,而是培养理解产品工艺的建筑设计师。设计与制作相辅相成,有了制作的经验,设计的语汇会更丰富,设计也会通过制作得到检验与反馈。这样的动手实践会在每个暑假运用到建造活动中,我带着学生跟现场施工队一起,用一个假期的时间完成一两百平方米的小建筑,接触行业一线盖出真房子,建筑学才完成了真正的教育——手脑并用的教育。

更需要深入一线的是对于老旧住宅改造技术研发,这种研究本身就是一种实践教育。老旧住宅年代各异,问题繁多,只凭图纸是看不出解决方案的,更不可能有针对性地创新研发。比如,只有我和团队的学生一起在改造施工现场亲手装马桶之后,我们才能研发出来利用同层排水系统进行老旧卫生间改造的技术,进而才能研发更便捷的自动化设计工具,这种产生于施工工法的住宅改造设计才是真正落地的可持续设计。

一个数学归纳法的简单比喻,动手实践是递推的第一项,是设计创新的源泉,可持续设计是递推公式,是不断进步的技术支撑。

最后,我想说,居住是人和房子共同的生活,在人们生活水平不断提高的同时,也让我们的房子永葆青春,是存量时代赋予我们的机遇与挑战,让我们一起行动起来吧!

课程思政"三把斧",有破有立有精神

冯 鹏

大家好,我是土木工程系的冯鹏,我承担的是本科生的"混凝土结构"课程。以下是我的同行锦囊。

工科课程的专业性较强,教师必须在专业知识的讲授中投入大量时间。在这一基础上,课程思政如何开展?对此,我通常从三个方面设计教学方案。

首先,提精神。我经常结合国内重大工程的动态和中国学者最新的研究成果,把新信息引入课堂,并与国外的情况进行同步对比。这样,课程知识点与国家技术发展的大背景就能自然结合起来。比如,我会从港珠澳大桥具有长寿命的特征入手,讲解混凝土结构的耐久性;从北京大兴机场跑道的混凝土抗裂问题入手,讲解混凝土的收缩。加入这些具有时代气息的案例后,可以使同学们有自豪感,增强他们的从业信心和爱国意识。

其次,加担子。我把最近发生的工程事故或工程灾害引入课堂,与课程知识点结合起来讨论。比如,无锡桥梁侧翻事故发生后,我借用这个案例,讨论可靠度设计方法的合理取值;我也会用频繁发生的无梁楼盖结构的事故问题入手,讨论抗剪破坏问题。这些讨论常以第一视角开展,让同学们意识到专业学习和工程工作所承担的重大责任,以强化同学们的工作责任心和担当意识。

最后,抵歪风。社会上常流传着一些对学科的负面认识,或是一些错误的认知。对此,我会主动加以澄清和剖析,甚至对其进行批判。比如,有人会把土木工程专业"黑"成工地搬砖,也有些人认为,国内各类工程事故的原因,都是相关人员贪腐的结果。我会结合课程知识点,对具体情

况进行客观评价,再提出问题让同学们思考,要求学生给出建设性的意见。这样,可以帮助同学在无形中形成对学科与科学的正确认识,牢固树立积极进取的价值观。

从以上三个角度进行教学设计,既能使课程内容生动活泼,又能潜移默化地开展课程思政,从而在专业课中取得思想政治教育的显著效果。

以点带面，学研结合

蒋建国

大家好，我是环境学院的蒋建国，承担本科生专业课程"固体废物处理处置工程"的教学工作。以下是我的同行锦囊。

我所教授的这门课程致力于给学生传授固体废物管理和处理处置的专业知识，同时培养学生的动手能力和自主探究意识。这是一门多学科交叉的综合性课程，是环境领域工程应用的重要基石，其知识覆盖面广，部分内容较难理解。为了使同学们更高效地掌握相关知识要点，我进行了以下两方面的尝试和探索：

第一，以点带面，结合国家政策与工程技术发展，不断更新理论教学内容。在我国生活垃圾分类"强制时代"来临的背景下，我结合时政热点，将垃圾分类的最新政策引入课堂，以知识"点"带动知识"面"，帮助同学们深入理解垃圾分类的实施过程、分类垃圾的资源化技术及其对传统固体废物处置技术的影响等，培养同学们成为固体废物管理和资源利用的专业践行者。在讲授"固体废物焚烧技术"时，我通过动画演示结合工程案例分析，生动展示了焚烧工艺的全过程，让繁杂的内容和枯燥的文字变得形象起来，同学们不但对此印象深刻，还充分感受到专业理论与工程应用的紧密结合。

第二，学研结合，跟踪最新科研动向优化实验方案，助力学生开展自主探究。除了课堂讲授，实验技能培养也是本课程的重要环节。我会通过集体讨论，引导学生充分利用实验室资源进行自主探究，结合最新科研成果优化实验方案。例如，有机废物的好氧发酵实验设计，就源于国家重大专项的科研成果。在小组实验中,一方面让学生亲身参与物料破碎、混合、装料等环节,在规模和时间上模拟真实废物的发酵过程;另一方面通过实验数据共享,加强学生间的交流互动,培养团队意识与合作精神。这样的实验教学使学生既感受到了实验成功的成就感,又初步体验到科研过程的曲折与不易,为今后的科研工作奠定良好基础。

通过在这门课程上的创新与尝试,我希望自己不仅是一位知识的传授者,更是价值的塑造者,不断增强学生作为"环境人"为祖国的绿水青山贡献力量的责任感与使命感。

利用研究型习题，引导学生运用知识解决难题

陆 韻

大家好，我是环境学院的陆韻，我承担的是本科生的"环境工程微生物学"课程。以下是我的同行锦囊。

这门课程讲授环境工程涉及的微生物种类和特征，以及它们在工程运行中的作用和机理。以前课程内容以知识传授为主，挑战度低，很多同学对"背背背"的生物学课提不起兴趣。

我在课程中增加了研究型的习题，所用题材选自 SCI 文献或者本学院真实的科研课题。通过习题，让学生们用所学知识解释研究中看到的现象，预测实验结果，并提出自己的理论假设，最后设计实验来证明假设。这大大提高了课程的挑战度，让学生们意识到虽然知识一听就懂，但是要应用却不易下手。每次上课一开始，我会讲解上次课留下的习题。我会先给出学生典型的错误答案，与他们充分讨论，然后再引导出理想答案。清华学生不怕难，怕的是学不到新知识。因此，每一次的习题讲解，都是学生们听讲最认真的部分，讨论的参与度也最高。

清华理工科学生通常数理能力比较强。数理学科的思维特点重在演绎，通过少数几个定理定律就能演绎完成多个结论，学生们最拿手的就是举一反三。而生物学科的思维特点重在归纳，其知识体系庞大，往往需要众多知识点的融合才能解决一个小问题，不同问题所需要的知识组合又不同，更类似于文科的思维。目前，大部分理工学科的研究其实都呈现出类似趋势，对归纳型思维的依赖程度越来越高。所以，加强归纳型思维训练是理工课课堂的重要任务。

用心备好每一堂课，培育环境学子的认同与担当

张潇源

大家好，我是环境学院的张潇源，我主要承担本科生"水工艺设备、仪表与控制"和"世界环境与文化体验（英语强化课堂）"课程。以下是我的同行锦囊。

首先，将课程思政与课程内容有机融合。在 2020 年春季"水工艺设备、仪表与控制"授课过程中，我以新冠疫情防控水工艺设备与控制为切入点，作为绪论课的开篇，并将消毒设备授课内容调整到第三堂课，从新冠病毒介水传播的阻控问题出发，讲授消毒设备在水处理中的重要作用，激发学生学习专业知识的兴趣与抗疫责任感。水是生命之源，环境是生存之本，将"实学担当，达善环境"的理念融入每一堂课，引导清华环境学子的专业认同，增强专业领悟力与使命感。

其次，用心备好课，教好课，也是课程思政。"水工艺设备、仪表与控制"课程 2020 年春季转为在线教学，为此，我积极探索在线教学模式，精心构建课程体系，设计在线互动环节，充分利用在线教学的优势，采用大量的动图、视频来直观展示仪表、设备，提升了学生线上课程的学习体验。2020 年秋季学期，采用融合式教学方式讲授"世界环境与文化体验"课程，运用 4 台笔记本、3 个摄像头、1 个拾音器，努力使线上的同学有真切的课堂体验，参与小组讨论。每次上课前 15 分钟调试好所有设备，每一堂课课前试讲两次，课后复盘总结提高，课程 3 次问卷调研，倾听学生反馈，持续改进。记住每一位学生的名字，用心了解学生特点，关注学生课程学习体验与收获。

"春风化雨，课比天大，薪火相传，初心不忘"，作为清华教师，要努力上好每一堂课。

提高自身修养，融合专业教学

李翔宇

大家好，我是集成电路学院的李翔宇，我承担的是研究生的"数字大规模集成电路"课程。以下是我的同行锦囊。

理工科专业课怎么开展"思政"？不能脱离专业和教学内容搞"思想教育"，那样不仅破坏课程本身内容的教学，还往往无法被学生接受。我的做法是从四个途径入手：

第一，课程讲授要有思想性，要引导学生做哲学层面上的思考，通过对自然科学的阐释引导学生形成辩证唯物主义的世界观，通过工程方法的学与用实践马克思主义的方法论。

第二，把专业教育和时事结合，抓住契机开展教育。比如，在"中兴事件"和"华为芯片封锁事件"前后，我在课程讨论区转载了魏少军教授在中央电视台做的科普讲座，帮助学生从专业视角形成正确的认识，科学看待我国微电子领域的进步和差距，既不妄自菲薄，也要正视差距、脚踏实地、立志报国。

第三，以身作则。在教学的各个环节中，我严格要求自己，秉持职业道德、遵守学术规范、做好教学工作，通过潜移默化的个人影响感召学生、培养学术志趣。

第四，关心爱护学生。有时会有所教的学生因为学业、科研、就业等方面的困扰和我谈心，这也是一种开展"思政"教育的契机，除了给出建议，我也会分享自己的认识、观点，给学生传递积极、健康的观念。

总之，做好思政教育的关键是提高教师自身的思想和道德修养，做好与专业教学的融合，既注重日常生活中潜移默化的熏陶，也注重在关键时刻抓住契机解决学生的思想困惑。

学习核电技术，增强制度自信

黄善仿

大家好，我是工程物理系的黄善仿，我承担的是本科生的"核电厂系统与设备"课程。以下是我的同行锦囊。

新冠疫情突如其来，大批同学无法返校。对此，我们从无到有建成了国际一流的核工程虚拟仿真教学实验室。运用3D建模、虚拟现实等多种先进技术，融合了最主流的商业堆型与最领先的核电技术，可仿真压水堆、高温气冷堆、钠冷快堆等先进反应堆的正常运行和各种事故状况。

许多工物系定向生未来将进入核工业界深造和工作，而核反应堆难以接近，看不见，摸不着，传统教学手段效果有限。2020年秋季学期，在核工程虚拟仿真实验室，有200多人次完成了"核电厂系统与设备"课程的配套实验。同学们线上线下相互协作，既加深了对核工程相关知识的理解，又激发了学习热情。同学们在掌握知识的同时，也了解了中国最新的核电技术，大大提振了从业信心，增强了科技自信、文化自信和制度自信。

核电是继高铁之后又一张国家名片，"华龙一号"的并网发电，是中国核电发展史上的一座里程碑，是中国核电技术装备"走出去"战略的推广堆型，有望在国际上特别是"一带一路"沿线国家开枝散叶。清华大学"核工程与管理国际核电班（TUNEM）"旨在培养全球化、高层次的国际核电人才。目前，分布在7个国家的27名留学生远程完成了虚拟仿真实验，真正实现了"不同国家、不同时区、不同人种，相距万里，同做一个实验"的目标。核工程虚拟仿真实验室，为各层次核专业学生的培养，为核电走出国门，贡献了自己的力量。

巧用重大工程案例，培育学生使命意识

徐文杰

大家好，我是水利水电工程系的徐文杰，我承担的是本科生的"工程地质"课程。以下是我的同行锦囊。

"价值塑造"在我校"三位一体"教育理念中处于首位。在课程教学过程中如何实现学生的"价值塑造"，是我这几年来一直在探索的问题。

近几年来，我国的"一带一路"、西南水电开发、川藏铁路等重大基础工程建设举世瞩目。在课程中，我会以重大工程建设中遇到的工程地质问题为例，实现"理论—实践"的融合，讲授如何利用基本原理解决实际问题，以及创新在解决重大工程问题中的重要作用。同时，向同学们介绍科技和工程工作者在解决科技攻关问题时的不畏艰辛、艰苦奋斗的精神。此外，我也会通过一些典型的重大地质灾害、地下水污染、掠夺式资源开发引起的环境破坏等案例，让同学们认识到目前还有诸多工程地质难题尚未解决，在利用开发自然资源的同时也要注意保护好自然环境，只有"人—地协调"才能实现人类的可持续发展，也就是习近平总书记提出的"绿水青山就是金山银山"的科学发展理念。同学们在课程学习过程中会逐渐建立历史使命感，树立正确的自我价值观。

全球疫情、美国的软件及科技封锁、自然灾害等不同程度地影响着每一个人。在暑期地质教学实习中，为了克服疫情带来的学习困难，我们创新性地探索了地质"云实习"，并全部使用我们自主开发的软件平台，充分体现清华人"自强不息，厚德载物"之精神；同时引导学生要追求自主创新、勇于挑战，做有担当的时代新人！耐得住寂寞，做创新研究！

理论与实践结合，历史与前沿贯通

仇 斌

大家好，我是车辆与运载学院的仇斌，我承担的是本科生的"汽车构造（2）"课程。以下是我的同行锦囊。

"汽车构造（2）"是车辆学院的核心专业基础课，主要讲解汽车底盘的基本结构组成和工作原理，培养学生分析汽车底盘典型结构的能力和实际动手操作的技能。汽车底盘的特点是结构复杂且零部件多，对于大多数常年习惯于数理化理论学习的同学来讲，实践性和综合性强，知识点多。为了实践"三位一体"的教育理念，我们教学团队从以下方面开展教学设计。

第一，强调实践教学的重要性。由于汽车底盘系统中的各零部件之间复杂的物理结构和功能耦合关系，光靠理论讲解往往事倍功半，同学很难消化理解。基于此，多年来教学团队非常注重引入动手实践环节，在讲解每个底盘关键零部件之前，通过实验课，先让同学亲自动手拆解和分析零部件实物，然后再进行理论授课。

第二，注重课堂教学的引导和转变。有了实践教学的基础，在课堂理论教学中，我注重从汽车底盘功能需求出发，引导同学提炼隐含在底盘实物结构中的工程问题，进而让同学联系所学的机械原理和力学等知识来综合分析底盘各零部件的工作原理和基本结构。再引导同学结合所拆解零部件的结构特点，训练同学思考如何从功能需求出发理解工作原理，如何实现从基本结构到实际产品的转变。在上述教学环节中，引导学生举一反三，让学生认识到底盘结构的多样性和背后隐含的"不变真理"之间的辩证关系，从而促使同学在理解底盘结构知识方面达到形式和内涵统一，以及特殊性和普遍性统一的思想境界。

第三，巧用汽车技术发展史来助力立德树人思想教育。汽车底盘技术130多年的技术发展过程，是一部丰富而生动的科学技术发展史。我在教学过程中，注重结合大量推动汽车重大技术变革的历史人物和事件，来激发同学们的探索和创新精神。例如，在应用实物模型教学时，适时穿插讲解中国老一辈汽车人艰苦创业的奋斗历程；在讲解新能源汽车底盘结构知识时，介绍车辆学院的老师和校友在新能源汽车领域的大量科研转化成果和产业化成功案例，让同学们深入理解发展新能源汽车是我国从汽车大国迈向汽车强国的必由之路。通过这些方法，可以增强同学们的责任感和使命感，鼓励他们积极投身于建设汽车强国的光荣事业之中。

问题导向，激发兴趣，互助学习

李升波

大家好，我是车辆与运载学院的李升波，承担的是本科生的"智能化汽车"课程。以下是我的同行锦囊。

这是一门面向大一新生的通识课程，原属于新生研讨课，目的是让同学们掌握智能汽车的基本概念、技术原理、发展趋势及所涉及的关键技术。这门课程的特点是学科交叉性强，知识面比较广，涉及的技术体系复杂。若是将知识点全面铺开，难以在有限课时之内被大一新生理解和掌握；若是追求知识点浅显易懂，则容易浮于表面，导致蜻蜓点水，浅尝辄止。为此，我的方案是将课堂拆解为两个部分：一半知识教授，一半师生研讨，前者让学生们建立基本概念和问题意识，后者调动学生的主观能动性，自我激励，主动学习。具体的教学策略如下：

第一，在知识讲授部分从问题出发，进行启发式教学，建立基本概念，培养学生兴趣。前半课程是知识讲授，尽量避免知识点的密集灌输，而是关注知识背后的基本问题、知识之间的逻辑关联和解决问题的思维过程。以问题引导讲解，让学生们先开动脑筋思考，再由浅入深地逐步理解知识。如讲到智能汽车的决策控制时，先让同学们思考：人类开车的基本原理是什么？大脑具有的驾驶功能是什么？然后从认知、理解、判断到操控等维度剖析人类的驾驶行为，讲解对应的智能汽车技术方案，加深同学们对知识的理解程度。

第二，在师生研讨部分采用学生分组的互助学习模式，鼓励学生自主探索。后半课程采用师生研讨方式，让不同学科背景的同学们自行分组，选择团队感兴趣的前沿问题,通过查阅文献、头脑风暴、互动讨论和课堂展示等模式,进行主动学习。例如,2019年某一组同学的选题"自动驾驶的人工智能有无极限?",通过深入调研和思考,从哥德尔不完备定理出发,思考图灵测试面临的不足,形成了自己的理解和观点。这不仅让学生们获得了全新的学习体验,也对探索性研究和创新性思考产生了兴趣。

通过上述教学方式,学生们觉得这门课程"挺有意思""乐于学习""值得花一些时间",潜移默化地提高了主动学习智能汽车知识的积极性,同时培养了团队合作、批判思维、答辩展示方面的基本能力。

点滴滋润汽车强国梦

郝 瀚

"车用能源概论"课程是一门面向全校本科生的导论课，作为一门导论课，课程的核心目标是通过车用能源基本知识的讲授，引发同学对车用能源的兴趣并建立持续学习的能力。由于课程本身具有较强的政策性和时事性，这为将立德树人融入课程讲授提供了天然条件。以下是我在课程中的一些具体做法。

第一，加强产业前沿热点介绍，以我国在车用能源领域取得的新成就激发同学的自豪感和认同感。比如在"电能与电动汽车"一讲中，围绕电动汽车销量这一产业热点，将中国是全球最大和发展最快的电动汽车市场、宁德时代等中国企业已经占据全球电动汽车产业链领导地位等内容自然而然地融入到讲授中，让同学们实实在在感受到中国迈向汽车强国的坚实步伐。

第二，深入解读政策，引导同学思考车用能源发展背后的制度优势和政策优势。课程强化政策解读，专门设立"车用能源政策"一讲，系统介绍车用能源政策历史沿革、国内外政策对比、政策效果等。如通过对中国电动汽车技术路线、战略目标、示范、补贴、双积分等政策的介绍，引导同学们认识到中国制度优势和政策优势在推动电动汽车产业发展中所起到的核心作用。

第三，创设决策者情境，鼓励同学主动思考中国车用能源强国战略。课程每学期安排三次专门的研讨课，研讨采用情境创设的方法，将同学置于车用能源战略决策者的定位，就热点车用能源问题展开战略分析和研讨，进一步增强同学的代入感和使命感。

通过以上三点做法，努力引导和启发同学们的汽车强国梦和能源强国梦。

重演技术历史，体现中国贡献

马 骁

大家好，我是车辆与运载学院的马骁，我承担的是本科生的"汽车发动机原理"课程。以下是我的同行锦囊。

这门课是车辆工程专业的专业核心课，主要内容是讲授车用活塞式内燃机以及电驱动能源系统的工作过程，使学生掌握汽车动力系统的工作原理和性能分析方法。这门课程的特点是知识覆盖面宽，核心原理抽象，需要学生综合运用数理化方面的知识以掌握所学发动机相关的知识体系。为了增强同学的学习兴趣，培养同学们理论与工程结合的能力，树立敬业钻研与爱国奉献的精神，我从以下两方面进行教学设计。

第一，在讲解燃烧系统的过程中，引导学生思考并排列组合燃烧模式的可能性。这样，学生从原理层面思考燃烧模式不同组合的优缺点，从而在学生头脑中重演技术的演化历史。相比直接将新燃烧模式等概念作为一种知识介绍给学生，这一思辨过程有助于加深学生对于原理的认知和对前人探索之路的思考。在方法论层面，引导学生勇敢追问"为什么不可以"，以实现深入思考、举一反三、突破常规。

第二，在每个类型的知识板块中引入技术发展历史中中国人、清华人的贡献。面临繁杂的知识和众多的学习任务，多数学生没有太多的机会从专业知识的角度思考行业、个人、学习、工作之间的关系。因此课程中在关键技术要点或原理性突破方面，均展示我国、我校或我课题组相关的贡献，使得学生一方面能够感受到技术的革命是由无数的小步前进所构成，正确认识"不积跬步无以至千里"的道理；另一方面也让学生从中体会爱国奉献在工程技术研究中重要的推动作用,鼓舞学生勇攀高峰、投身科研、为提升我国汽车工业技术水平而奋斗。

  在教学实践的过程中,我每次授课都会在知识体系与思想认识方面有新的思考与感悟,这使得我对教学的喜爱愈发深刻。我也相信通过言传身教,能够将这些所思所想传递给学生,帮助他们在未来的道路上乘风破浪。

"懒惰模型""贪心算法"与人生选择

吴 及

大家好，我是电子工程系的吴及，我承担的是本科生的"数据与算法"课程。以下是我的同行锦囊。

"数据与算法"课程讲授的数据结构与算法思想是电子信息知识体系中的核心概念。我们希望学生不仅能够从课程中学习到专业知识，而且能够领悟到帮助他们成长的人生智慧。

优先级队列是这门课程中介绍的一种数据结构，当我们要从数据库中取出数据元素时，需要按照优先级从高到低的顺序选取。有两种典型的实现方法：一是始终保持数据元素有序；二是平时数据元素并不按顺序排列，等到需要取数的时候再去寻找其中优先级最高的元素。在课程中我们把前者称为"勤劳模型"，是指在平时就做好所有的准备；后者我们称为"懒惰模型"，是指平时什么也不做直到非做不可。这两个模型也可以用来描述两种不同的学习习惯，有些学生平时学习就很勤奋，而有些学生却直到考前才临阵磨枪。通过将这两个模型与学生的学习习惯建立联系，拉近了课程内容和同学们日常生活的距离，这样不但有助于学生们理解课堂知识，而且能够启发他们重新审视自己的行为习惯。

"贪心算法"是一种常见的算法思想，简单来说就是看一步走一步，只顾眼前不想长远。"贪心算法"的特点是容易实现，但无法保证得到最优解。清华的学生都很优秀，在选择中处于优势地位，好学校好工作信手拈来，然而未必每个人都做出了最适合自己发展的选择。这也体现了一系列局部最优的累加并不必然得到全局最优。清华学子作为同龄人中的佼佼者，对国家强盛和社会发展肩负着责任,上大舞台做大事业是国家民族对清华学子的期望和要求。"贪心"作为一种算法设计思想有其重要的价值,但清华学子的人生选择应该以更长远的视角加以思考和审视。

专业知识和思政教育同向同行,相互交融方能润物无声。

激发学习动力、注重知识体系

黄翊东

大家好，我是电子工程系的黄翊东，我承担的是"固体物理基础"课程。以下是我的同行锦囊。

固体物理是近代物理学的重要组成部分之一，也是设计研制各类电子/光子器件芯片必不可少的专业基础。电子工程系的课程体系改革打通了两个一级学科专业，从2011年开始将固体物理列为全系必修的10门核心课程之一。部分学生对此抱有抵触心理，学习动力不足；同时由于固体物理涉及内容繁多，知识体系不够清晰，增加了学习难度。为此，我注重激发学生的学习动力，引导学生建立知识体系，以帮助他们学好固体物理课程。

激发学习动力。我从两个角度着手，让学生理解学习固体物理课程的必要性。一方面，从当前大家普遍关注的人工智能等热点入手，阐明任何一种智能系统都是通过各种电子/光子器件实现的，而只有了解电磁场与物质相互作用的规律，才能设计出具有各种功能的器件，构建起满足实际需求的系统；另一方面，采用潜移默化的方式，引导学生们意识到自己担负着发展国产芯片、助力中国走出"无芯之痛"的时代责任。而要具备在芯片领域从事研发工作的能力，首先就要学好固体物理。

注重知识体系。在授课过程中，我力求把固体物理的知识体系化、结构化，以薛定谔方程贯穿始终，重点强调固体物理的知识结构以及各个基本概念之间的相互联系。同时，针对电子工程系的专业特点调整了内容顺序，将晶格振动—格波以及热特性的内容放到电子能带理论和固体电特性的章节之后。这样设置课程，既有利于理解声子这种准粒子能带的概念，也更加适合本专业学生系统把握电子运动规律及固体电特性问题。

通过问题与兴趣驱动，分层次设计计算机系统

刘卫东

大家好，我是计算机系的刘卫东，我承担的是本科生的"计算机组成原理"课程。以下是我的同行锦囊。

"计算机组成原理"是计算机专业的核心基础课，教学目标是让学生掌握计算机系统的基本组成和内部运行机制，达到能设计简单计算机系统的水平。然而，面对计算机系统这个庞然大物，软件硬件交织，内部信号交互复杂，确实难度很大。加之近年来人工智能等兴起，社会上也十分认可掌握算法的软件人才，同学们学习计算机系统知识的兴趣也随之减弱，更愿意钻研算法等计算机应用领域的知识。针对这些问题，我从以下几个方面着手，进行了一些尝试，取得了一定的效果。

首先，问题引导，兴趣驱动。我从同学们熟悉的高级语言程序开始，提出"计算机程序是如何执行的"这一问题来开始课程的学习。逐步将高级语言程序、汇编语言程序、计算机指令系统等知识点引入，再讲解单条指令功能的硬件实现，完整的机器语言程序的执行。在这个过程中，帮助同学们体会抽象、层次化、并行、冗余等在计算机系统设计中常用的方法，并和软件程序设计中这些方法的应用进行比较，促使他们去理解和认识这些方法是解决复杂系统问题的通用方法，提高他们的学习兴趣。

其次，因材施教，分类分层。我也认识到作为必修课，一个年级数百位同学的学习诉求和目标是多种多样的。为此，我在课程考核中，给出了一条基准线：每位同学必须设计完成一台能运行程序的计算机系统，但同学们可以自行选择这个程序的难度和复杂度。这样，有利于一些同学在达

到基准要求后,把更多的学习时间分配给其他更适合他的发展目标的课程和活动中;而对于那些对计算机系统感兴趣的同学,我们也提供了更大的发挥他们才智、展现自我能力的平台,激励他们取得更好的成绩。

最后,知行合一,价值引领。作为教师,我更深深认识到,课程的教学不能仅仅局限于知识的传授,也不能仅仅满足于学生计算机能力的培养。因此,在教学环节中,我也注重培养同学们的个人素养。比如,设定的实验挑战性比较高,希望同学们体会克服困难成功完成实验后"一览众山小"的快意,培养他们遇到挫折不放弃的坚毅;坚持分组完成实验,希望培养他们的团队合作意识和精神,在收获学习成果的同时,也能收获友谊;要求小组交流和同学互评实验成绩,一方面培养大家的表达能力,另一方面也是对同学们学术评价能力的检验。专业课程不仅仅是学习专业知识,也应该成为价值塑造的重要途径。

用好工程"反问题",深入思考勇担当责任记

班慧勇

大家好,我是土木工程系的班慧勇,我承担的是本科生"钢结构(1)(英)"和"钢结构原理与设计(英)"课程。以下是我的同行锦囊。

两门课程分别是土木工程专业核心课程和土木大类交叉课程。课程所涉及的基本原理与基础力学类先导课程紧密相关,同时又有课程自身的专业特点。对学生而言,最大的认知台阶在于,以往是根据条件得到结果,现在需要根据结果反推结构参数的取值或变化。如何帮助学生跨越这一台阶?有必要充分利用工程"反问题"。

钢结构工程事故分析,就是一种典型的、震撼的工程"反问题"。我会努力多引用实际事故案例并将其融入知识的传授过程。比如,通过重现我们参与的福建省泉州市欣佳酒店"3·7"坍塌事故调查分析工作,引导学生从复杂的工程问题中剥离出关键的力学对象:一根焊接加固的受压钢柱。同时,引导学生利用力学对象,扩展力学基础知识,分析受力变化并找到事故原因。通过工程事故的案例分析,学生可以逐渐理解事故原因在于受压和受热耦合,材料强度退化、无法继续承载。

当然,工程"反问题"的真正解决,不能止于寻找"显式"原因,更要关注"隐式"根源。焊接加固的高温就是"显式"原因,但为什么材料的强度会在高温下发生退化?对此,通过学科交叉的方法,我带领学生从材料微观层面找答案。焊接加固导致了事故发生,但为什么别的工程焊接加固就没问题呢?对此,通过呈现这座大楼"带病加固"的事实,我引导

学生深刻认识工程师应该具有的责任担当。

用好工程"反问题"的关键在于，强调基础、探求本质、体现担当。这不仅能为知识传授提供一种生动的平台，更能启发学生进行深入思考。

相互找错，共同提高，为学习打造开发场景

贺 飞

大家好，我是软件学院的贺飞，我承担的是本科生的"软件系统建模与分析（1）"课程。以下是我的同行锦囊。

这门课程属于软件基础理论课程，对数学和逻辑要求较高，教学中需要比较重度地使用各种形式化符号。为避免课堂内容枯燥、学生理解困难。我精心设计了三次小作业和一次课程实验大作业。

第一次小作业为工具展示类，要求同学们从给定列表中选择一个验证工具，安装并熟悉其使用；第二次小作业为应用实践类，要求同学们应用验证工具对指定的案例进行分析和验证；第三次小作业为工具剖析类，要求同学们结合课堂上学到的知识点，对验证工具的内部结构、算法特点和应用优劣进行深入的分析和讨论。三次小作业与课堂教学进度匹配。每次作业都安排一次讨论课，供大家展示和交流，教师也会进行点评。

课程大作业为"大家来找错"课程实验，分为"实现—找错—改错"三个阶段。第一阶段，给出应用场景和应用需求，要求同学们各自编程实现；第二阶段，安排同学们互相审阅其他人的代码，应用课程中学到的形式化方法进行找错，找到他人错误有加分，被找到错误则扣分；第三阶段，同学们确认和修正错误。

课程实验收到了很好的效果：其一，实际的开发场景，激发了同学们的学习兴趣；其二，找错环节的激励机制，促使大家在具体情境中很好地运用课程所学知识点解决问题；其三，学中练，练中学，让同学们深刻体会到了安全编程的重要性。

贯通知识结构，注重拓展学习

罗贵明

大家好，我是软件学院的罗贵明，我承担的是本科生的"软件理论基础（形式语言与自动机）"课程。以下是我的同行锦囊。

"软件理论基础"课程，别名"形式语言与自动机"，是软件工程和计算机专业十分重要的专业基础课。该课程理论性很强、比较抽象、晦涩，教师难教，学生难学。

为了激发学生学习兴趣，本课程利用案例教学方法，注重教学知识点的逻辑关联，使新知识与旧知识相结合，理论与应用相结合。同时，在课程架构和体系设计方面，注重课程教学的逻辑性、可接受性和可拓展性。

逻辑性：既保持课程所学知识点之间的关联，也注重既有知识与新学习的知识之间的逻辑性。帮助学生搭建知识体系，将所学知识融会贯通。

可接受性：考虑课程的特点和学生的思维方式，抓住重点、克服难点。教学过程利用案例教学、图示和图解教学。用描述性方法或实际问题切入，用形式化方法说明和分析，用实例设计理解。将比较深难和枯燥繁杂的知识分解，让学生能容易地、自然地接受。同时，实现讲授与讨论结合、电教教学与传统教学结合、课堂与课外结合，提高学生的学习兴趣。

可拓展性：软件工程是一个年轻的学科，很多知识在不断发展和改进。在教学中不但传授课程知识，同时介绍国内外相关的研究，使学生不囿于书本和课堂知识，关注一些兴趣点、应用点、研究点。

理论结合前沿，鼓励学以致用

黄隆波

大家好，我是交叉信息研究院的黄隆波，我承担的是研究生的"随机网络优化理论"课程。以下是我的同行锦囊。

本人负责的课程是一门研究生的理论课程。理论课程容易遇到的问题是内容稍显枯燥，同学们上课时容易在理论问题上感到迷茫。同时，理论工具如果没有深入的理解，他们容易出现在课上听明白、课下就犯迷糊的情况。另外，研究生更为关注科研工作，因此，如果课程内容并不与科研方向相关，就会难以吸引他们的关注。

针对上述的问题，我在授课中采用了下面的方法：

第一，在介绍每个理论点时，首先讲述相关领域的前沿应用，让大家能大致了解理论工具的影响和重要性。

第二，通过简化前沿科研成果设置课程作业，让大家在练习中更好地掌握理论工具，并启发同学们对科研问题的思考。

第三，通过设置课程项目，鼓励同学们将所学的理论工具应用到各自关注的科研问题中，学以致用。

上述的方法在过去的教学中取得了一定的成效。不过，由于通常同学们来自不同的院系，基础与兴趣也不尽相同，仍会难以做到让所有同学掌握所有的内容。在这一点上，目前我的做法是每次授课时，参考同学们的院系分布选择不同应用场景的介绍，然后知识点的选取也会随着相关科研方向的进展进行更新，力求每次课程都能有所改进。

坚持"三位一体",传承历史文脉

武廷海

大家好,我是建筑学院的武廷海,我承担的是本科生的"中国古代城市营建史概论"课程。以下是我关于大纲编写中立德树人的同行锦囊。

"中国古代城市营建史概论"是城乡规划专业本科的必修基础课,是整个专业培养环节中最先开展的课程之一,也是重点讲授中国传统城市营建智慧的课程。在课程大纲设计中,如何加强课程思政建设、落实立德树人,将专业知识讲授与爱国主义教育相结合,将专业能力培养与提升文化自信、传承历史文脉相联动,是我们思考的主要问题。

在课程大纲的设计和编写中,我们严格遵循清华大学价值塑造、能力培养、知识传授"三位一体"的教育理念,对讲授内容、训练重点和作业设置进行了重点设计:

其一,在讲授内容方面,融入中国古代城市营建文化,激发学生文化自信和社会责任感。我们在中华文明背景下系统讲授中国古代城市营建的历史、成就、智慧与特色,帮助学生增强文化自觉,坚定文化自信,激发民族自豪感与专业自信心,为未来积极投入中国特色社会主义城乡规划建设事业打牢思想基础。

其二,在训练重点方面,强化学生历史文化遗产保护意识和能力。我们结合专业理论学习,培养学生形成积极保护城乡文化遗产、传承历史文脉的正确观念,掌握历史文化价值判断、遗产保护规划设计的基本理论与方法,为后续专业学习和规划实践提供理念与方法支撑。

其三,在作业安排方面,引导学生深入社会现实、树立正确的价值取向。

我们结合课程作业训练,加强学生对家乡城市历史文化的认知,通过熟悉的空间环境了解中华文明体系中城市的空间特征与社会精神,倡导扎根地方、服务社会的价值取向,涵养热爱家乡山水、建设家乡未来的家国情怀。

近3年来我们不断改进教学大纲,使得本课程得到了同学们的一致好评,也得到了同行专家的高度评价,被认为:"从中华文明的高度对中国城市进行系统总结,为培养文化遗产保护与规划利用高水平专业人才奠定了扎实的基础。"总之,坚持清华大学"三位一体"教育理念,不断改进课程大纲,从讲授内容、训练重点、作业安排三方面实现专业教育与思政建设的巧妙结合,正是我们的"同行锦囊"。

转换角色，多问多想

戴凌龙

大家好，我是电子工程系的戴凌龙，我承担的是本科生的"数据与算法"课程。以下是我关于课程讲授的同行锦囊。

"数据与算法"是电子工程系本科生 10 门核心课之一，旨在培养学生设计有效的数据结构或算法、利用现代计算方法来解决实际问题的能力。该课程知识结构宏大，内容繁多，难度较大，对数理基础和实际动手能力均有较高要求，对于刚上大二的本科生而言具有一定挑战性。基于此，针对"如何让学生更容易地理解复杂的知识"这一问题，我进行了教学模式的探索创新。

首先，转换角色，由传统的知识传授者转变为学生学习活动的参与者。通过提出问题并与学生一同寻找解决方法，做到师生合作学习与共同进步。

其次，预先演练，我会研究学生，研究教学内容与方法，思考"学生已有哪些生活经验和知识储备""怎样依据有关理论设计易于理解的教学方案""学生在接受新知识时会出现哪些情况"等问题，以期能够顺着学生的思路顺利开展教学，并寓教于乐。例如，在教学"动态规划"内容时，我在学生非常熟悉的"阿里巴巴与四十大盗"的故事背景中设计了一个待解决的实际问题，然后针对该问题开展数学建模和动态规划求解的教学，一步一步引导学生解决上述实际问题。这大大降低了同学们对复杂算法的理解难度，同时提高了学生对相关知识的理解深度。

最后，开展课后总结和反思：如这节课总体设计是否恰当、教学环节是否合理、教学手段的运用是否充分、重点和难点是否突出、学生的积极性是否调动起来了、学生学得是否愉快,等等,从而能够不断改进课堂教学效果,力求精益求精。

在讲授这门课的过程中,我逐步学会了如何与复杂的知识打交道,学会了怎样把较难的知识讲授得更加易懂,也学会了如何站在同学们的角度思考问题。转换一下角色,多问问自己,多想想问题,才有更好的教学效果。

远程在线考试是个技术活

杨 铮

大家好，我是软件学院的杨铮，我承担的是本科生的"计算机组成原理"课程。以下是我的同行锦囊。

前几年，新冠疫情对教学方式产生了巨大影响。如今，线上线下融合的教学方式已经成为常态。得益于在线直播技术的发展与教室硬件的升级，教师对于远程教学早已游刃有余。但是与远程教学相比，面向线上学生的远程考试环节具有更大挑战。为了保证远程考试与线下考试的"同质等效"，我从考试方式、命题策略、组卷策略等三方面进行了探索。

在考试方式方面，由于监考存在本质性困难，本着考查能力与考试公平的原则，我选择了最为宽松的开卷考试的方式：允许参考电子版和纸质版教材，也允许切换到考试平台之外的应用程序，随之而来的监考压力则通过创新命题和灵活组卷来化解。

在命题策略方面，不仅是为了应对远程考试中监考的困难，也为了提高培养质量，我提出了三条命题策略来保证题目的新颖性：第一，由分析转变为设计，考查解决实际问题的能力；第二，预设全新场景，考查解决系统性问题的能力；第三，面向学科前言，考查解决具体的挑战性问题的能力。

在组卷策略方面，为了削弱甚至排除线上交流的作用，我同样采取了三条组卷策略来提高试卷的灵活性：第一，随机组卷，利用考试平台的优势，来达到"一人一卷"的目的，特定两人拿到相同试卷的概率约为0.1%，任意两张试卷重复题的比例小于50%；第二，题目乱序，选项乱序，增加考生私下交流的难度；第三，单题限时，逐题作答，以此压缩可能的私下交流时间，杜绝有效交流。

考试的设计，也是育人过程的一部分。远程在线考试是远程教学的最后一环，也是重要的一环，更是提升课程教学质量的重要契机。远程在线考试是个技术活，保证公平合理是师生一致的目标。希望我的经验，能对提升组织在线考试所要的信心和效率有所助益。

在工科课程中塑造追求美的源动力

聂冰冰

大家好,我是车辆与运载学院的聂冰冰,我承担的是本科生"汽车安全"课程。以下是我关于课程讲授的同行锦囊。

这门课程面向车辆工程专业的高年级本科生开设,系统介绍汽车安全的基本原理、保护方法和技术应用。课程以微积分、材料力学等先修内容为基础,与同期"汽车理论"等专业课形成呼应,并涉及生物力学、控制工程等学科交叉。在由浅到深的知识"爬坡"过程中,吸引学生是开展专业教育的重要前提。结合新闻热点、案例视频等有较强"视觉冲击力"的内容,课程通常以严肃但热闹的问题设计作为导入,例如,"车软好还是车硬好""汽车前脸为什么越来越圆了"等,激发学生的好奇心与探索欲。

薛克宗老师曾告诉我,专业课要做到"专业回归基础,专业丰富基础"。汽车碰撞是一个复杂过程,学生很难在短时间内完全掌握其物理本质。我们将专业课与基础课联系起来,务求课程内容设计达到抽丝剥茧、梳理本质的效果。例如,将汽车碰撞简化为一维非完全弹性碰撞,结合力学基础知识讲解其过程;将车身结构的能量吸收设计总结为"软—硬—软"结合,引导学生在专业课堂上感受科学理论内在的美。

我们深入发掘鲜活的、带有专业特征的思政元素,如碰撞安全研究起源和它在中国的历史、安全带与气囊应用背后的故事、中国的儿童座椅生产与使用现状等,以期润物无声地讲好科学故事和中国故事,让学生自主感悟学科与产业发展的规律,体会好的技术应蕴含的尽善尽美的人文关怀。

我希望,通过课程学习,同学们不仅有充满好奇的眼睛,还能有向往科学之美的灵魂,并通过具备专业能力的双手,在未来,在一些真正有差距的地方,做出有创造力的东西。

以历史知识启迪现实思考

孟 萃

大家好,我是工程物理系的孟萃,我承担的是研究生"强电磁脉冲环境效应及防护"课程。以下是我关于教学内容设计的同行锦囊。

核电磁脉冲是强电磁脉冲的一种,由核爆炸产生。故此,在这一部分的教学内容的设计上,我围绕立德树人的宗旨,选取与课程紧密相关的核武器和核电磁脉冲的发展历史,以历史知识启迪现实思考,在历史与现实的紧密结合中推进课程思政。

我在核武器发展历史部分讲述了爱因斯坦的心路历程。讲授爱因斯坦向美国总统建议开展核武器研究,后来当他得知纳粹尚未掌握相关技术后,又努力建议停止来研究,因为他认为对质能方程的了解还不够透彻,可能会有不可预知的后果。1945年,美国在日本成功投下两颗原子弹,爱因斯坦得知后非常懊悔,痛心地说:"早知如此,我宁可当个钟表匠。"在教学过程中讲授这段历史,突出体现了爱因斯坦作为一个伟大的科学家,希望科学造福人类,而不是毁灭人类的道德良知和道德底线。

我在核电磁脉冲发展历史部分,设计了讲授从核电磁脉冲的发现到促使电磁武器的发明过程环节。1962年,美国进行了代号名为"Starfish Prime"的核爆试验,距爆炸中心1500公里的夏威夷岛上有300个路灯熄灭,美国军方马上成立专家组进行了分析,最后给出结论,核爆炸会产生强电磁脉冲。这给同学们一个启示:在科学研究中发现任何不符合先验知识认知的现象时,都值得深入探索。

核电磁脉冲对电子设备造成的毁伤及干扰效应,促进了各军事大国电磁武器的发展和研究；核电子脉冲场强高、频带宽、覆盖范围广，对核电磁脉冲防护技术的研究促进了计算电磁学以及电磁兼容技术的发展。这些历史事件引导同学们要树立利用掌握的科学知识为国家做贡献的学术理想。

按照以上教学内容的设计，从科学家坚守学术道德，科学研究维护国家安全以及科学技术的发展，应该推动人类社会进步等几个层面进行了解，激发同学们在学术伦理道德、学术素养以及学术理想等方面进行主动思考。

用古已失传的欹器讲授现代的理论力学

高云峰

大家好，我是航天航空学院的高云峰，我承担的是本科生的"理论力学"课程。以下是我关于课程讲授的同行锦囊。

我在教学中，注重贯彻"三位一体"的教育理念：价值塑造，能力培养，知识传授。如何在教学中体现这种教育理念，又不脱离具体的教学内容，的确值得教师们思考。

在讲授这门课程的"静平衡"内容时，除了教科书中的内容，我会附加一个案例，即孔子时代的欹器的原理及复原，来加深同学们对理论知识的认知。

《孔子家语》中有这样一段话：孔子观于鲁桓公之庙有欹器焉……孔子曰：吾闻宥坐之器者，虚而欹，中而正，满而覆。……孔子喟然而叹曰：吁！恶有满而不覆者哉？

结合"理论力学"的内容，把欹器的特点"虚而欹，中而正，满而覆"翻译成力学的语言就是：欹器空时在倾斜状态平衡，且平衡是稳定的；加入一半水时在直立状态平衡，平衡也是稳定的；加满水时在直立状态平衡，但平衡是不稳定的，因此会倒下；水流出后回到开始状态。

记载中欹器已经失传了，但是，能否结合"理论力学"的课程知识，复原具有"座右铭"特点的欹器呢？

在课程讲授中，我会先从欹器的外表形状、重心位置、平衡、稳定等多个角度进行分析，通过这个案例让学生学会定性分析的方法。再利用数学计算，使同学获得欹器的相关结论。最后，我会把以往学生设计制作的欹器给同学们演示，同学们会从中获得深刻的体会。

欹器这一案例具有很多教育含义：从哲学角度看，涉及孔子及其"中庸之道"；从教育角度看，涉及"满招损，谦受益"；从力学角度看，涉及平衡、稳定、重心；从能力培养角度看，涉及逆向设计、动手制作等。欹器这一案例正好符合清华大学价值塑造、能力培养、知识传授"三位一体"的教学理念。

以知行合一践行课程思政

郑晓笛

大家好，我是建筑学院的郑晓笛，我承担的是研究生的"变化中的景观：多维风景园林理论"课程。以下是我关于课程讲授的同行锦囊。

本课程为风景园林专业研究生培养方案中历史与理论板块的核心课程，以棕地这一极具复杂度、挑战性、综合性的领域为载体，通过深度解读前沿理论、设计思想与经典案例，将课程划分为11个专题，培养学生辩证、融贯、系统的思维能力。

课程以"理论与实践"之间的关联作为主线，强调"知行合一"，主要体现在三点。一是以知促行，课程选题聚焦于中国生态文明建设中紧迫的环境问题，阐明我国生态文明建设时代背景、前沿科学研究与实践热点，邀请跨学科专家进行深度分享，通过让学生深度理解其复杂性与挑战度，树立职业责任感与时代使命感；二是以行深知，课程针对学生认知台阶创设多情景训练环节，包括实地调研考察、设计工坊、热点议题辩论赛、电影之夜等，通过多样的实践活动加强学生对于理论授课的理解，引发对人与环境关系的深度思考；三是知行合一，课程组织强调高参与度与高互动性，注重学习成效，学生在做中学，在学中做，深度参与课程各环节学习和实践，真正理解风景园林专业的多维度，建立正确价值观与辩证的思维方式。

为促进学生将理论运用于实践，课程组织开展设计工坊实践专题，例如以北京某垃圾填埋场景观再生作为设计工坊专题，提供场地基础图纸、模型材料与制作工具，要求学生以小组合作方式完成快速方案设计与模型制作。在整个过程中，既锻炼了学生沟通协作、综合分析、概念推演、规划设计、动手表达等多方面的综合能力，又大大激发了学生的学习志趣，帮助学生认识到棕地的产生与人类活动息息相关，而风景园林师可以贡献一己之力，化伤疤为乐土。风景园林专业的学生应直面问题，积极应对新时代的挑战。

本课程通过"理论与实践"相结合的创新性风景园林理论课程教学探索，将知识传授与价值塑造紧密结合，培养学生运用风景园林专业技能营建美好人居环境的社会责任感和使命感，为新时代生态文明建设贡献力量。

敢争高下，不管风吹浪打

陈　巍

大家好，我是电子系的陈巍，我承担的是本科生"通信与网络"和研究生"高等数字通信"课程。以下是我的同行锦囊。

以 5G 为代表的无线通信网络是当今国际科技竞争的焦点之一，社会关注度大，学生学习积极性高。因此，通信类课程在"立德树人"工作中具有天然的优势，需要我们在理论上把握好，在实践中运用好，以三尺讲台传递"真知识、正能量"，在专业核心课中落实好"课程思政"。通信教学有"三难"：一是通信原理要讲理；二是信息网络内容多；三是课程思政期盼高。故借三句诗词，以飨同行。

"敢同恶鬼争高下，不向霸王让寸分。"教师应拿出攻关难题的信心和勇气，开展"研究式讲课"。我们的学生求知欲强，关注科学的严谨性，不满足于只了解"是什么？"而更渴望了解"为什么？"特别是"如果不这样做会如何？"因此，教师要研究其科学源头，重视严谨的证明，特别是对充要性的补充讨论，警惕流于"导游式"教学。

"不管风吹浪打，胜似闲庭信步。"通信与网络综合运用各类数学工具，解决工程问题，其体系庞大，内容繁多，常使初学者望而却步、首尾难顾。教师应引导学生登高望远，总揽全局，把握好"连续—离散""确定—随机""时域—频域"三大主要矛盾的交汇，把厚书讲薄。

"雄关漫道真如铁，而今迈步从头越。"在"百年未有之大变局"下，通信与网络的全球竞争已牵动亿万人民的心弦，为相关课程构建了天然的

"课程思政"案例池。教师要着力加强理论学习、提高政治站位,从而对时事案例、历史典故融会贯通,做到信手拈来、运用自如。

以上体会,与诸君共勉,共做"四有"好老师。

勤学多练掌握编程方法，玩转建模感受科研乐趣

徐梁飞

大家好，我是车辆与运载学院的徐梁飞，我承担的是本科生的"MATLAB 建模仿真"课程。以下是我的同行锦囊。

MATLAB 是目前国际上最为流行的数学软件之一，广泛应用于工程计算、数值分析、系统建模和控制等领域。本课程是车辆与运载学院汽车电子课组的专业基础课。如何通过课程学习帮助同学熟悉 MATLAB 软件，掌握数据处理和系统建模方法，提高解决工程实际问题的能力，树立正确的学术规范，激发科研创新意识，是我在课程中着力解决的问题。为此，课程采取了如下措施：

第一，强化基本概念和编程练习。MATLAB 内容非常丰富，单纯讲解代码容易枯燥。为此，课程围绕"数据处理和可视化、数学分析和建模、动态仿真和优化"等主题，以"基于模型的系统设计方法"为主线，串联起相关内容。针对每个知识板块，以基本变量定义、核心函数使用为要点进行解剖式讲解，力求讲深讲透。每个章节精心设置习题和作业，通过点对点辅导确保同学掌握基本编程方法。

第二，赛课结合、迈出科研第一步。每位同学都有一颗创新创业的心。本课程的一个重要目标便是启发同学走出课堂、走进科研。为此，将课程大作业与科技创新大赛相结合，并将教学辅导延伸到课后，鼓励大家积极参与挑战杯、"Simulink 全球挑战赛""中国大学生方程式赛车"、数学建模大赛等校内外和国内外赛事。通过赛课结合，很多同学初步掌握了图像识别、深度学习、电动车控制算法设计等技能，迈出了科研第一步。

第三，开放兼容、树立科研自信。MATLAB 作为关键工业软件近年来也卷入到中美贸易争端中。为此，在课程教学中，除了要求同学扎实掌握 MATLAB 软件，也介绍其他开源数学软件；除了讲授软件技术，也介绍开发历程。通过这种方法，使同学掌握国际先进技术的精髓，理解国内外工业软件差距大的现状和原因，激励大家为开发国产自主工业软件贡献自己的力量。

"物物而不物于物。"反思本课程的教学工作，最重要的是让同学学会"用数学"和"会建模"，将数学公式变成代码和模型解决实际问题，实现从"做题家"向"科研人"的转变，并在其中体会到乐趣和意义。

注重课堂反馈，探讨知识形成过程

赵千川

大家好！我是自动化系的赵千川，我承担的是本科生"自动控制理论"课。以下是我的同行锦囊。

首先，发挥组织优势，虚心向老教师学习，虚心向同事学习，营造健康的教学生态，共同进步。这门课的核心概念是"反馈"。反馈机制在自然界和人类社会普遍存在，是保证生命系统和工程系统在不确定环境下维持正常功能的普适性原理。为服务好全校不同专业背景同学，也为有效开展小班教学。在系领导支持下，我们成立了控制课组，多位老师共同备课，观摩老教师课程录像、学习他们的教案，研讨教学法，多位老师共同出镜录制 MOOC 在线课程，获批国家级精品在线课程。在线课程的资源，不仅帮助边远地区的校外同学享受到清华的优质教学资源，也为校内课堂开展线上线下融合式教学，特别是疫情期间方便同学预习复习，提供了切实的帮助。

其次，以学生视角剖析知识点，带领他们认识知识背后的创新思维过程。讲好这门课一个主要的困难在于，如何把系统严谨的数学描述与利用反馈原理简化控制系统的设计理念巧妙和谐地统一起来。对于缺乏工程思维和实践经验的大三学生来说，最不适应的就是如何把握设计中的自由度。我的做法是为学生梳理出基础理论和工程设计两条主线，明确两条主线之间知识的交织点，给学生讲清楚哪些地方是理想化的，是理论，不能含糊，哪些地方是工程近似，是可以变通的，带有经验性的。这样做的效果是帮助同学逐渐形成了工程思维与设计思维，也激发了他们的学习兴趣。

第七章

医学课中的立德树人

　　医学类专业课程，要在课程教学中注重加强医德医风教育，着力培养学生"敬佑生命、救死扶伤、甘于奉献、大爱无疆"的医者精神，注重加强医者仁心教育，在培养精湛医术的同时，教育引导学生始终把人民群众生命安全和身体健康放在首位。对此，清华大学医科课程在教学目标、教学大纲、课堂形式等方面进行了全面改革，将课程思政融入到专业课程之中，力求培养具有高度人文情怀的顶尖医师科学家。

绝不放弃,因为每一个生命都无比珍贵

吴 宁

大家好,我是医学院的吴宁,承担好几门课程,今天要分享的是本科生的"医学生理学实验"课程。以下是我的同行锦囊。

医学生理学实验课是临床医学八年制(医学实验班)的专业必修课,在课程中将对蟾蜍、小鼠、大鼠、家兔等常用实验动物进行手术操作,从而掌握机体各大系统动物模型的建立,巩固生理学理论知识,并为后续课程的学习打下基础。

由于此前学生都在学习基础课程,关于实验课学生们普遍认为"实验失败是正常现象""失败是成功之母""伟大的科学发现都是经历成百上千次失败而获得成功的",这些都是正确的价值观。然而,医学类课程的教育理念是完全不同的,不能说病人A的手术失败了,他过世了,反正还有病人B、病人C嘛。恰恰相反,每一个生命都是无比珍贵的,不能轻言放弃。因此,该如何扭转学生的这种理念呢?我想,唯有一点一滴反复强调。我每次课的最后一张幻灯片,不是"谢谢",不是"总结",不是"下课",而是"绝不放弃"。我会反复跟同学们强调,要将实验动物当作自己的病人,生命是无比珍贵的,生命力也是十分顽强的,实验动物为医学教育牺牲了自己的生命,所以我们不能轻言放弃,无论如何都要做出实验结果,你要坚信"动物一定能坚持到最后""内脏大神经就在那里,你肯定能找到""一定要尽力抢救,那颗心脏一定会恢复跳动",等等。

课程开始,10台手术同时进行,老师们穿梭于各个手术台之间指导和帮助同学们。4学时的课,经常从下午一点三十做到晚上九十点钟,甚至

十一二点。无论多晚,无论多难,我都会陪着他们,一点点反复止血,一遍遍重新插管,一次次抢救动物,最终完成实验。几乎每一组在实验过程中都会经历数次想要放弃的念头,但最后都在老师们的鼓励下坚持下来。到目前为止,没有哪一届哪一组哪一个实验没能完成。经过这样严格的训练,同学们都明白"绝不放弃"的意义到底在哪里,相信他们将来都会成为具有医学人文情怀的优秀医生。

学习胚胎知识，思考医学伦理

谢 兰

大家好，我是医学院的谢兰，我承担的是本科生的"人体胚胎学的奥妙"通识课程。以下是我的同行锦囊。

胚胎学不仅是一门医学学科，也涉及各种各样的伦理问题。例如贺建奎基因编辑婴儿事件、2021年频上热搜的郑爽代孕事件，等等。我们应当如何正确、客观、全面地看待这些热点事件，这不仅需要同学们厘清若干科学概念，还需要对其中蕴含的伦理争议和伦理困境进行反思。

所有的医学学科都是自然科学和人文学科的融合，胚胎学也是如此。课程教学不仅应该帮助同学们掌握胚胎学的基本知识，还应引导同学们形成正确、睿智的医学伦理观。在课程中，大量的活生生的案例无疑可以启发同学们的兴趣。我会利用案例教学带动同学们主动思考。

此外，让同学们选择热点问题来进行写作是一个常用的方法。同学们通过立论、举证、归纳，形成对某一个伦理问题的系统性的看法。辩论赛也是一个很好的形式，将同学们分为正反两方，分别对一个问题进行正反两面的阐述、推演甚至是辩驳，可以让同学们更加深刻地意识到伦理问题的复杂、矛盾和争执之处。诚然，现在很多伦理困境仍然很难破解，但也有一些难题已随着社会的发展得到了很好的法律约束，这离不开医学伦理研究的助力。

对于非医学专业的本科生，在医学通识课程中普及医学常识很重要，而培养正确的医学伦理观也同样重要，这个过程需要思考、推演、论证，同时也需要理解、共情、悲悯，这样才可以更好地理解医学、理解人、理解生命。

培育人文精神，做病人的关怀者

钱庆文

大家好，我是医院管理研究院的钱庆文，我承担的是研究生的"医院管理案例与决策"课程。以下是我的同行锦囊。

2017年，我开始承担医院管理案例与决策课程。在教学上，我发现两个非常严重的困难：一是没有可以使用的教材，这使得学生在上课时必须使用外国教材，不合需要；二是可以找到的教材，多在教导学生如何计算利害得失，将医院管理的目标仅仅设定为追求利润，而缺乏医院管理所需要的人文思想。

在此背景下，我决心完成自编教材的任务。我大量缩减医院管理个案中的"功利"指向的部分，尽量增加社区关怀与爱人、敬人的思考。学生在课堂上抒发己见时，或在分析医院管理案例时，我也会引导同学们做关怀病人的管理者，不做冷冰冰的利润计算者。

在方法上，我选取医院常面临的管理问题，形成研讨案例。在分析案例时，采用"互动式教学"。这些研讨案例，均系授课教师根据过去在医院管理近30年的实务经验所编纂而成。在课堂互动中，不仅是师生互动，也强调学生主导式的课堂互动。学生在上课前和上课后，必须将所学习到的心得整理成固定格式的稿件，分享给其他课堂／非课堂的学员。借由一次次的分析整理个案，将其放在网络上形成网络学习数据库（e-learning Database）。希望经过数年讨论后，可以再次修订成个案讨论的参考教材。

过去10多年来，我国的医院管理有了长足的发展。但是由于医院越来越大，许多管理者在做决策的时候，几乎只如工商管理一样，仅有利润导向，以至于使医院管理受到不少诟病。这些毛病，需要学生在学校就能够有所警惕。利用互动方法，以非功利方式在课堂上学习如何做决策，可以培养学生的人文精神，应用于医院的管理决策。未来，我还计划利用网络教学的方式，让校外医院管理的学生也能够参与上课的互动式讨论，更丰富课程中的人文精神。

夯实职业基础，培育职业精神

郝宏恕

大家好，我是医院管理研究院的郝宏恕，我承担的是研究生的"医院人力资源管理"课程。以下是我的同行锦囊。

我国医院人力资源领域面临着人力、能力、薪资福利和服务意识等方面的挑战，人力资源管理者任重道远。如何在课程中培养具备解决国内人力资源管理实际问题能力的学生，为国内医疗领域输送具有国际视野和实战能力的人力资源管理人才，是本课程的教学重点与教学目标。对此，本课程采用了以下一些方法策略：

第一，采用国际经典教材，借鉴世界上先进的医院人力资源管理经验和全球领先的医院人力资源管理实务，以国际化视角教授医院人力资源管理的知识和技能。

第二，通过分组合作，让学生阅读相关的优秀书籍和实践案例并做分享报告，在此基础上给予点评指导。让学生既能获得专业知识、加深对医院人力资源管理的理解，同时又能提高沟通和解决实际问题的能力。

第三，引入信息化实践板块，邀请东华医为科技有限公司的专家演示讲解其医院奖金、绩效考核系统，探索创新性技术管理模式，为学生的职业化实操道路夯实基础。

第四，坚持立德树人的根本任务，在教学中强调医院选拔人才时的品德与修养，培养人才时的职业精神教育，用人管理上的人文关怀，贯彻"厚德载物"这一培养方针。

反思教学过程，我有两点心得。一是传道授业，要致力于让同学们能够消化知识，独立思考，敢于实践。因此，可以充分利用互动教学模式和实践操作模块，有效提高学生在医学管理实务中的综合分析、问题解决和创新能力。二是授课内容要立足中国实践，扎根中国大地。这样，才能帮助清华的医学管理生树立起履行岗位职责、奉献国家、服务社会的理想志向，让学生意识到人生价值应在服务国家和社会中得到升华。

从三大就医风险切入,从三角价值链走出

杨燕绥

大家好,我是医院管理研究院的杨燕绥,我承担的是"医疗保险"课程。以下是我的同行锦囊。

这是一门涉及经济、政策、法律、管理和医药的综合知识课程,共8次授课,课程设计非常重要,特别是第一堂课,好比高楼的地基,需要由浅入深。

从三大就医风险(距离、安全、支付)切入,容易引导学生走进课程。再由浅入深引导学生思考问题、归纳问题、发现规律。例如,先引导具有经济学基础的同学进行分析,得出结论即三者离散。再用公共选择理论和方法引导学生思考问题,找到三者的均衡点,即基本医护可及性、安全性、控成本三角价值链,由此看待医护资源配置、医保支付指挥棒的重要性,引导同学们理解医改和医保的内涵。此时,同学们往往会很兴奋,惊叹道一节课能有如此收获!有学生说,从经济学、政策学到医疗医保管理,一堂课像玩了过山车,却没感到疑难与生疏!

从三角价值链看全科、专科与专家服务的分工与协作,会发现以基层为主的正三角形医护体系几乎是一种必然选择。大型医院门口车水马龙的状况,是一个不得不为之的悲剧!在此基础上,再讨论医保的价值取向和支付方式,思考如何引导资源合理配置,分析典型国家成败的案例,回顾中国医改医保的发展历程。在期末时,课程引导全体同学带着话题分组进入班级论坛讨论。这时候,他们基础扎实,灵感频现,个个都像我的老师。

培养研究生的急诊医学思维和紧急医疗能力

王 仲

大家好,我是清华长庚医院的王仲,我承担的是研究生的"急诊医学"课程。以下是我的同行锦囊。

临床研究生都是"专科化"的学生,他们既期待学到更多知识,也期望成为领域内的"专家"。博士研究生不必说,就算硕士研究生,刚刚从本科院校走出来,也会被冠以导师的专业(三级学科)。这样的培养思路,不仅很难培养出医学大家,甚至学生们毕业后连基本的临床急诊应对都成问题。因此,培养临床研究生的急诊医学思维和紧急医疗能力是临床教育的一个重要问题。

"急诊医学"不仅仅是为急诊医学研究生,也是为全体研究生(包括非医疗专业研究生)设置的课程。本课程在设计上基于"把理论转变为技能"和"病理生理学为基础,临床指南为依托"思路,采用"横向学习"模式,培养研究生的整合式临床思维和临床降阶梯思维。针对不同专业的研究生着重于思维能力的培养,同时将病情判断作为重点讲授,使其更加贴近每个学生的临床工作。在技能培养方面则采取分层教学方式,使急诊医学专业的研究生有所收获的同时,让非急诊医学研究生不觉得高深莫测。

病情判断和危重病人抢救是所有医生必备的能力之一。但随着专科化、专家思维的进程,这些必要的能力在某些医生,包括研究生的心目中趋于淡化。作为清华大学的医学教育,在培养专项技术和科研能力的同时,应当为培养医学大家做准备。这必然要求学生应具有更广阔的、有逻辑性的临床思维。同时,也需要被培训的所有研究生有发现病情变化,预测病情发展,逆转危险因素的能力。这些能力是保证病人安全,提高医疗质量的基本保障。

培养医学情怀，树立崇高理想

张 萍

大家好，我是清华大学医学院的张萍，我承担的是研究生的"心血管病基础""心血管病进展""内科学"课程。以下是我的同行锦囊。

医学不仅是一门以技术为支撑的科学，同时更是一门人文科学，治疗疾病是作为一名医生的基本职责，但要成为一名优秀的医生更要懂得将医学作为一项神圣的事业来追求，将自身的专业技能做到精益求精。

在多年的心血管疾病的理论教学和实践教学中，我逐渐形成了"以培养精英医学人才为目标"的教育理念。教导学生"要把自己培训成为顶级的优秀医生，成为医学领域的精英"，将"为患者带来有价值和有尊严的生活"作为医学工作努力的方向；注重医学情怀的塑造，从学习专业知识到临床实践，要树立崇高的理想，把医学作为终生奋斗的事业；对患者要有敬畏之心，感激之心；尤其要重视科研能力的培养，永远保持创新探索的精神，保有百折不挠的毅力和决心。"天行健，君子以自强不息；地势坤，君子以厚德载物"，我会通过将知识的传授、性格的塑造、职业的发展相结合，引导医学生拥有博大的胸怀，高远的理想。

在教学活动中培养学生的探索精神和钻研精神，把医学人文观念融入到教学活动中，培养学生整体观和医学人文思想，建立医疗整体观的思维框架，培养现代医学科技快速发展背景下的高素质人才、领军人才。

道德实践，知行合一

李 珺

大家好，我是北京清华长庚医院的李珺，我承担的是研究生的"血管神经病学"课程。以下是我关于实验实践中的立德树人的同行锦囊。

现代医学教育要求优秀的医学人才不仅需要具备较高的专业技术水平，更要有高尚的职业道德和健康的心理素质。现代医学教育已经逐渐认识到职业道德教育的重要性，把追求和促进医学生的医德自我发展作为德育的价值目标。但是目前医学教育中的德育课程，基本上是以教师、教材、课堂为中心，主要是把抽象的理论灌输给学生，最终得到的教学效果，往往是把学生培养成德育理论工作者，致使学生在考试做题时头头是道，而在实验实践中却不能很好地践行。

要做到让医学生既具有良好的道德思想，又能在实验实践中践行道德规范，做到"知行统一"，道德实践是最好的途径。在医学生的见习与实习工作中，带教老师需要做到言传身教，在对待病患时，不仅要教授医学生如何去诊断和治疗疾病，更要教会医学生如何去关心病患，设身处地为病人着想，形成治病救人的道德习惯，增强对社会福利的关心和道德责任感，并形成以自省为核心的自律意识，最终达到自我实现的精神境界。

医疗作为惠及民生的重要行业，与老百姓的健康密切相关，过硬的医学本领和高尚的职业道德不仅能治疗患者的疾病，挽救患者的生命，同时也能挽救一个家庭。医学专业学无止境。在实践中，医学生不仅要有精益求精的医疗技术，更要有心怀苍生的医学情怀，才能承担起身为医者的责任，用医者仁心谱写世界大爱。

第八章

实验课中的立德树人

  清华大学开设的实验课涉及多个理工类学科,是提高学生综合运用知识解决实际问题的能力、培养学生创新能力的重要手段。近年来,来自基础工业训练中心、水利系、自动化系、机械工程系、材料学院、电子工程系的多位实验课教师积极探索将立德树人与实验教学相结合,将专业知识与国家战略需求和行业热点问题相结合,是实验课中课程思政的有益探索,形成了实现"价值塑造、能力培养、知识传授"三位一体教育教学理念的重要途径。

实践育人，润物无声

汤 彬

大家好，我是基础工业训练中心的汤彬，我承担的是本科生的"个性化3D设计与实现"课程。以下是我的同行锦囊。

"如何有效达到实践课程的预期教学目标"，这是我教学内容和教学环节设计的出发点。

对于一门实践类课程来说，如何做到"做中学"，在实践教学中潜移默化地完成对学生能力的培养、价值的塑造，是一件颇具挑战的事情。课程以各类3D打印技术实践教学为切入点，引导同学们完成从产品的设计、建模、制作、装配到调试的全过程，并从中体验跨学科团队协作的乐趣，并对科技、环保和社会的联动进行深入思考。

基于此，我将现场教学示范、学生动手实践和团队协作创新相结合来展开教学：结合社会热点问题讲解教学示范内容，提升学生的学习兴趣；提出若干实践项目供学生选择，便于学生将兴趣和求知进行更好的结合；提供从设计到调试的全方位指导，让学生团队能够积极地进行创新实践。

与此同时，以学生为主体的教学理念贯穿我的课程教学全过程。坚持开展课程的期初、期中和期末课程调查问卷，全过程了解学生的学习状态；充分利用微信媒介，建立包含全体学生、团队组长和团队小组的师生交互三级体系，及时处理不同学生的问题，实时为学生的创新实践提供帮助；采取师生担任团队协作创新的评委和组内组员互评环节等。以上措施有助于实现"从游"和"朋辈学习"的良好氛围。

实践类课程主要通过学生动手实践来完成。适宜的教学内容和教学环节的设计，能让学生感受到课程的人文关怀，有助于学生开展创造性、创新型劳动。在"润物细无声"中实现学生的价值塑造，是一件很愉悦的事情！

激发实验兴趣，培养分析能力

郑双凌

大家好，我是水利水电工程系的郑双凌，我承担的是本科生的"流体力学"实验课程。以下是我的同行锦囊。

流体力学是在实验与实践中发展起来的一门学科，因此，实验是流体力学课程的必修环节，学生通过实验可以更好地掌握相关知识。实验与课堂学习有着完全不一样的体验，如何使实验课程与学校"三位一体"的教育理念高度契合，是我一直思索的问题。

第一，兴趣与知识。学生进入实验室，内心都是充满好奇的。如何抓住学生的好奇心理激发实验兴趣至关重要。围绕实验核心目的，有条理地通过问题层层引导学生，并适时结合工程案例抛出更多有趣的问题进行知识传授。如在"流动显示"实验中，学生看到不同边界条件下水流的流动形态，会好奇里面的气泡如何掺进去的。

第二，分析与能力。实验中一个重要的能力就是对实验现象的分析与实验结果的归纳总结，仅会动手而不思考，将只停留在实验的表象。只有善于分析、归纳与总结，能力才能得到升华。如在"局部水头损失"实验中，我会结合"南水北调"工程，对测压管水头现象进行分析，并要求学生分析实验结果的适用范围。

第三，历史与价值。科技的发展日新月异，但历史的沉淀发人深省。因此，实验教学一定要懂得学科与实验发展的历史与背景，拓展实验的内涵与维度。比如，在给学生讲解皮托管流测速时，从同学们熟悉的"两个铁球同时着地"的故事引出当时另一个错误观念：河道中水越深流速越大。

法国科学家皮托为了测量河道流速发明了皮托管。在实验历史及现实应用中，对学生进行价值塑造，追求真理，严谨求学。

通过实验传授知识，结合工程培养能力，追溯历史塑造价值，这就是我的同行锦囊！

珍惜实验中的问题，为学生解决问题鼓劲

任艳频

大家好，我是自动化系的任艳频，我承担的是本科生的"数字电子技术基础"和"电子技术课程设计"课程。以下是我的同行锦囊。

在我的教学中，特别是实践教学中，我发现很多学生都不喜欢在实验中碰到问题。当他们不得不面对问题时，往往会退缩、回避、甚至放弃。在我看来，没有问题的实验不是一次好实验，问题是学习和成长的绝佳契机。那怎么让学生习惯并喜欢问题呢？

第一，当学生提出我也没碰到过的新问题时，开心地和他们一起讨论，让学生感觉到老师特别欢迎问题，喜欢从问题中汲取营养。

第二，把自己从实验中的问题出发撰写的研究论文分享给其他学生，传递"小问题、大文章"的思想，鼓励他们抓住问题进行探究。

第三，当学生被问题所困而一筹莫展时，往往会想把整个实验项目"踢球"给老师，这个时候一定要狠下心来把球踢回去，鼓励学生自己通过逻辑推理和实验的手段去界定问题所在。当学生可以清晰地描述出问题时，给予他肯定，告诉他已经成功了一半。

第四，有的问题即使知道答案，也不和盘托出，而是通过巧妙的引导，设法让学生自己去找到答案，从而体会到解决问题的乐趣。

第五，通过设计一些开放实验课题，让学生知道老师手中也没有标准答案，从而更加主动地去挑战未知，随时准备应对可能出现的问题。

每一次问题的解决，都可以让学生积攒一分自信，也增长几分直面问题的勇气。学会从问题中收获成长，可以让学生走得更远。

在实践中感受价值，提升自我

吴 丹

大家好，我是机械工程系的吴丹，我承担的是机械工程实验班的"企业实习"课程。以下是我的同行锦囊。

企业实习是机械工程实验班大三夏季学期的一门校外专业实践课程，定位于理解职业责任和使命、学习工程实践知识与经验、培养分析解决工程问题的能力、获得职业体验与工作标准。为了达到以上教学目标，我将实习时间安排为9周，希望学生能够真正融入实习企业，将服务社会和提升自我结合起来。

为此，我选择多种类型的实习企业，包括大型国企、著名外企、知名民企、军工企业、创业公司等，涉及机械、电子、通信、航天、生物等多个行业。虽然学生只在一个企业实习，但身临其境的感受和彼此之间的交流，能够让他们对各种类型的企业和行业有更为客观的认识，从而增强学生的社会责任感和职业使命感。

我会与企业技术人员协商选择企业研发与生产中的实际问题作为实习课题，并选择品行好、水平高的技术人员作为企业导师，采用学校和企业联合指导的方式。学生通过专业知识的学习与应用，去定义和描述问题、分析和解决问题，形成具有工程应用价值或指导意义的解决方案。这不仅能磨炼意志、提升品德、培养能力，也能使学生受到潜移默化的感染和熏陶，认识自身价值与不足，明确今后努力的方向和追求的目标。

真相就在实验探索中

李亮亮

大家好，我是材料学院的李亮亮，我承担的是本科生的"材料科学与工程实验（1）"课程。以下是我的同行锦囊。

材料科学与工程是特别强调学生动手能力的学科。"材料科学与工程实验（1）"是一门能够让学生锻炼动手能力、探索材料真实组织形貌的实验课。材料四要素即"成分""工艺""组织""性能"。成分和工艺决定了组织，而组织影响了性能，因此正确认识和理解组织对分析材料性能至关重要。在理论课中，同学们仅能在图片上观摩常见的金相组织，对其印象不深，难以掌握金相组织特征。

解决这个问题的办法就是让同学们亲自动手，通过制样、观察、改进等一系列过程获得材料的真实组织。实验过程中既要辨明真实金相组织，又要提高制样技能消除划痕、污渍等各种假象。只有掌握扎实的制样技能，才能获得真实组织，继而观察组织形貌，分析组织和性能的关系。通过细致严谨的动手实验，同学们牢牢掌握了真实组织的典型特征。

交流讨论、对比分享也是在动手实验中探索真相的一个行之有效的方法。在课堂上，同学们相互分享制样技巧，交流讨论金相组织照片，从而深入了解组织真实形貌和特征。在课外，采取课赛合一方式，每年举办校级金相实验技能大赛，这为喜爱金相技能、热衷材料探索的学生们搭建了一个交流实践平台。目前大赛已经举办六届，受益清华十余个院系的学生。

真相就在实验探索中，真相就在手下！

在基础电路实验中实践问道、求真求实

孙忆南

大家好，我是电子工程系的孙忆南，我承担的是大一新生的"电子电路与系统基础实验"课程。以下是我的同行锦囊。

作为课程负责人，我认为这门基础性的实验课，不仅要用直观的实验现象帮助学生理解抽象的理论知识，培养学生动手实验的能力，还要通过实验教学提升学生的系统意识、形成科学精神、树立发展观念。为此，我们采取了以下措施：

第一，在实验内容规划中，引导学生建立起对电路系统的整体认识。我们把搭建心电图系统设置为新生的第一个实验，通过系统搭建，体会自顶向下的设计思路；之后再以示波器上的万花尺这一有趣的设计题目为目标，逐步开展单元电路的验证性实验与研究设计，最后完成整个系统。这样，学生可以体会到从电子元件到单元电路，再到整体系统的分析设计方法。

第二，在实验教学中，致力于培养学生求真求实、勇于探索的科学精神。在测量二极管动态电阻实验中，学生会发现测量结果和理论结果有明显差别。我们鼓励学生分析检查造成差异的原因，不要轻易否定自己的测量结果。最终学生发现，造成差异的原因在于课本中的理论模型过于理想化。学生由此知道，实践的意外，往往会成为重大发现的源泉。反之，对于编造实验数据来获得"好"的实验结果的不端行为，我们则会进行批评教育。

第三，在课堂教学中，引入学科发展史的有关内容，实现历史与未来的交融。我们通过一些演示实验展示电子电路的发展历程，一方面向电子信息先驱们致敬，另一方面告诉学生们，正是这些新型元件等新事物不断取代旧事物，才推动了电子信息学科滚动发展。事物的发展具有规律性，只有了解过去，反思现在，才能更好地创新、引领未来。

实验遇 BUG？育人的最佳契机

于 莹

大家好，我是清华大学化学系的于莹，我承担的课程是"基础有机化学实验"。以下是我的同行锦囊。

"基础有机化学实验"是一门让学生与真实的客观世界"遭遇"的实验课程，实验操作繁琐，影响因素复杂，会出现各种各样意想不到的问题，常常有同学按照指导书照方抓药，却无法得到理想的结果，甚至辛苦一整个下午却颗粒无收。作为指导教师，如果抓住这些问题的契机因势利导，可以在引导同学认识、分析、解决问题的同时，帮助他们提升认识和能力。

第一，帮助同学们端正面对问题的态度，直面问题是探索世界的必经之路。复制书本上的操作、顺利得到想要的结果，并不是实验学习的目的。借助这些问题窗口，认识其背后客观世界不以人的意志为转移的复杂规律，才是学习的精华，提升能力的关键。

第二，帮助同学分析如何解决问题，这就需要指导教师借助丰富的教学实践经验，引导学生探索表面问题下的本质规律，让学生的认识层次从简单表面模型化的因果关系下沉到深层复杂真实的因果关系。如，提高某一反应物的用量，通常不能提高产物的产量，因为有机反应中每个组分有其特定功能，过量会造成过度消耗活性成分、未反应残留物多、产物提纯困难等问题，反倒降低产率；再如，分液时一滴水的残留这一看似很小的问题，会造成干燥剂用量加大、产物被大量吸附，导致产率骤减的结果。

通过一次或多次这样的直面问题、分析解决，同学们可以逐渐自行主导这个分析过程，逐渐认识真实世界的客观性和复杂性，形成系统观念、协调观念、全局观念。教学则实现了教授具体专业知识之上的目标：帮助学生形成面对未来的困难和挑战所需的耐心与信心、奠定解决困难所需的正确的科学观与方法论基础。

第九章

设计课中的立德树人

  清华大学设计课是工业设计系、建筑学院、化学工程系、美术学院等多个院系开设的专业课程。在设计课的教学环节中，从提出问题到构思框架，从论文撰写到成果展示，这一系列的科研过程为师生互动、交流讨论、沟通想法、相互配合提供了平台，是实现设计的艺术创新，实践"三位一体"教育理念、培养高素质人才的重要途径。这一过程所展现的师生共频、教学相长也是课程思政最生动的实践。

在故事分享中传递价值观

范寅良

大家好,我是美术学院的范寅良,我承担的是本科生的"展示设计思维"课程。以下是我的同行锦囊。

我一直认为"立德树人"是教学的核心,而进行人格层面的价值观塑造比单纯的职业道德教育更加重要。为此,在每次上课的前30分钟,我会开展"思想沟通"的教学环节。利用这30分钟分享自己或者身边发生的健康的、有爱心的、有社会责任感的事情。我会分享本人略带幽默、又有酸楚和感动情绪的故事,有助于拉近师生之间的心灵距离。例如,我曾经分享过的故事有"德国买床""世博会的故事""健康早餐"" '二战'与德国""德国好设计"等。这些故事通过欧洲人与中国人生活中的各类细节,展现出人性的善良、社会的良知、道德的意义以及生活中应有的健康状态。分享时,我会事先准备相应的图片,比如一张"丰盛"的早餐照片或者一块高速公路的路牌,询问学生们对这张图片的印象,然后分享自己的故事。

有时,我也会分享大学老师们承担国家重大科研项目的最新动向。以此来激励学生们不断努力,在思想道德方面不断完善自己;在职业道德方面不断提升自己;在思想抱负上树立更加远大的目标。

我所选择的故事有两个原则:一是必须健康向上,具有正能量;二是必须有核心理念,但是兼具幽默与感悟。"健康""趣味"形成了传递价值观核心的重要手段。学生们在笑声中被打动,在同情中理解他人。

为人民美好生活而设计

程晓青

大家好，我是建筑学院的程晓青，我承担的是研究生的"城市微更新"设计系列课。以下是我的同行锦囊。

"城市微更新"系列课程以北京核心区的历史街区和老旧小区为研究对象，聚焦城镇化转型过程中的民生问题。我秉持着"从生活中来，到生活中去"的教学理念，鼓励学生深入了解人民群众切实的生活需求，从而培养学生的批判性思辨和设计应对能力，并帮助其树立正确的建筑观和社会观。

习近平总书记指出："人民对美好生活的向往，就是我们的奋斗目标。"本课程以为人民谋幸福为设计宗旨，让学生们走出课堂，走进社区。开展"社区开放日"，学生与居民进行一对一深入交流，有针对性地提出设计方案，并以社区路演的形式反馈给居民。这种以人民需求为导向的设计，能够引导学生们为满足人民群众对美好生活的向往做出力所能及的贡献。

2018年北京白塔寺国际设计周期间，我在"维观北京"展览现场举行了公开课。此外，课程还设立了"我是小小建筑师""维观北京"手绘墙等主题活动，邀请亲子组合共同搭建手工小模型。凝结了群众对老北京的情感与记忆的"维观北京"手绘墙，也饱含了广大人民对美好生活的无限向往和期许。

在课程结束后，有学生说："从陌生到熟悉，从不信任到无话不谈，通过这次设计，我们了解到真实的老北京生活，这也让我们明白了建筑师的真正含义。"城市微更新是将建筑设计课程与思政教育结合的大胆探索，通过学校和社会的课堂，使同学们树立更为全面的职业观和价值观。

读万卷书，行万里路，拜万人师，谋万人居

张 弘

大家好，我是建筑学院的张弘，我承担的课程之一是本科生的"毕业设计"课程。以下是我的同行锦囊。

响应习近平总书记"把论文写在祖国大地上"的指示和要求，传承清华大学"真刀真枪做毕业设计"的优良传统，结合正在推进的"清华大学乡村振兴工作站"主题实践活动，从 2018 年起我开设了以"乡村闲置建筑改造设计"为主题的毕业设计课程。

课程注重引导学生深入乡村，寻找真问题，开展真设计，研究真办法。通过浸润式调查研究、文献导读与系列讲座辅导，使学生们真正融入乡村语境和环境，从本土文化及实际需求出发，有针对性地开展设计工作。

引导学生转变设计观，使他们在追求个性的自我表达的同时，逐渐具备以人为本的人文情怀，传承乡土建筑文化的历史使命，以及营造美好人居环境的社会责任，真正理解"为什么设计、为谁设计、怎样设计"。

引导学生积极参与乡村振兴国家战略，逐步从乡村实践的观察者成长为参与者、引领者，真正成为未来乡村建设发展的有用人才。

吴良镛院士曾教导我们要"读万卷书，行万里路，拜万人师，谋万人居"，也以此与各位参与乡村实践的师生共勉！

为"三位一体"搭建桥梁

青 锋

大家好,我是建筑学院的青锋,我承担的是本科生的"当代建筑设计理论"与"建筑设计"课程。以下是我的同行锦囊。

我们今天强调"三位一体"的教育理念,其中"三位"很清楚,分别是"价值""能力"与"知识",但是"一体"则较为模糊,并没有直接与其对应的教学内容。我在建筑学院同时担任理论课与设计课教师,理论课会倾向于知识与价值,而设计课更倾向于设计能力。但是我发现,虽然这三者应该成为"一体",但是学生很少能够在理论课内容与设计课实践之间建立联系,仿佛这是两门完全不相关的课程。这让我意识到,"一体"的实现或许并不是水到渠成的事情。教师需要对学生进行有针对性的指导,才能达到"一体"的目的。也就是说,我们需要特殊的教学环节来推进价值、能力与知识的融合,而不是让学生自行摸索。

在具体教学中,我所采用的策略是主动地搭建桥梁,跨越课程边界。比如在理论课中,利用各种方式将经典理论议题与同学当下设计中所面对的实际问题关联起来,使同学意识到经典理论与他们图板上的草案息息相关。在设计课中,除了具体方案指导以外,我也会花时间多讲一些理论,让同学明白设计语汇背后的知识背景与价值诉求。

经过几年的尝试,同学的设计作品在创作水准与文化内涵上都有显著的提高,这说明了这一方法的有效性。总结起来,我的建议是:针对"一体"设定特殊的教学环节,才能更有效地达成"三位一体"的教学目标。

在设计中践行严谨细致、追求极致的"工匠精神"

余立新　兰　洲　闫自飞

大家好，我们是化学工程系"化工设计"课程的负责老师余立新、课程助教兰洲和闫自飞。以下是我们的同行锦囊。

余立新：化工设计是一门综合性课程，它以某化工产品的设计为目标，训练同学综合运用化学工程基础知识的能力。课程安排在四年级，作为整个本科培养的收官之课，其教学目的不仅在于检验学生的学习成效，更是为了培养学生的工匠精神和工程伦理意识，使学生们通过化工设计知道自己将来所从事的职业是如何关乎经济、环境和生命安全的。

兰洲：课程中要求学生在完成设计时要把自己当成真实的"工程师"，自己所画的每一条线都决定着流程和设备的正确性和可行性。对于实际的工业设计而言，必须100%地正确，没有60分的方案。因此，要求学生不仅需要扎实的专业知识，更需要仔细、严谨、负责的态度。

在化工设计课中，助教所扮演的角色不仅是作业的批改者，同时也是鉴定设计合理性和正确性的"质检员"。因此，当发现设计作业中不合理的地方时，不仅要指出错误并给出分数，更重要的是引导学生发现问题和解决问题。

闫自飞：我们在批注作业时所用的大多是启发性的语句，比如"为什么要设计恒温反应器，如何实现""此处的密封措施是否可借鉴列管换热器""压缩机的出口温度可以达到800℃吗，会带来怎样的问题"，等等，以引导学生对设计进行不断的修改完善，精益求精，直到我们认为作业中的设计已符合基本的化工设计原则和技术要求。

另外,设计作业的给分原则为:在修改到"满意"的前提下,以第一次提交的作品为基准给分。该项措施已经在化工设计课程中坚持了5年,约70%的同学需要修改一次,约20%的同学需要修改两次才能达到"合格"的要求。

余立新:总之,在化工设计这门课程中,我们力争让学生在完成作业的过程中养成注重细节、追求极致的态度,充分运用本科期间的所知所学,经过严谨周全和细致耐心的思考,与老师和同学充分交流碰撞,不断完善设计方案,最终做出正确和优秀的成果,做到"对自己负责,对世界负责"。

真正的创新是要有根的

王 悦

大家好,我是美术学院的王悦,我承担的是本科生的"服装设计(4)"课程。以下是我的同行锦囊。

"服装设计(4)"是一门专业核心课,面向本科四年级学生开设。课程着重于结合学生个人的研究方向进行探究性的综合设计训练,在帮助学生提升实践和创新能力的同时,引导其树立正确的设计价值观。

在创作中,同学们有天马行空的创意,但是在灵感向视觉转化的过程中,在尝试服装风格与设计元素的取舍之间,还是经常出现"选择恐惧症",往往迷失了自我,遗忘了设计的初衷和本源。俗话说"授人以鱼,不如授人以渔",这时,我不会简单地告诉他该选择 A 还是 B,而是尝试进一步了解他的所思所想以及真正想要表达什么。

我会鼓励学生勇敢尝试各种可能性。这是一个清晰自我认知,树立正确的设计价值观的过程。在这一过程中,我尝试整合传统、当代、未来三个板块,为学生提供一个综合多元的资源平台:从中国传统的纺、染、织、绣技艺,到当代国际设计思潮和成功的设计案例,以及相关学科最前沿的信息和动向。在这里不同领域的专家学者、设计师、艺术家、传承人、品牌商、供应商汇聚一堂,通过网络学堂与同学们互动分享,并借助实验室平台对接项目教学,在实践过程中实现资源共享。

中国拥有极具价值的设计传统,在课程教学中同学们强烈地感受到中国传统服饰文化的博大精深,并尝试将传统工艺融入当代设计,这本身就具有创新性。我认为,设计类课程中的思政建设,正是来自对传统的敬畏与传承。借助这一充满温度的造物方式，在培养学生创新能力的同时，探寻时代语境下的属于中国人的优雅生活，这是创造具有高品质的设计和保持设计长青的先决条件。传统文化中藏着我们的根，真正的创新是要有根的。

为有源头活水来

叶 健

大家好,我是美术学院的叶健,我承担的是本科生的"色彩2"课程。以下是我的同行锦囊。

户外写生是美术学院基础教学的关键环节。带领学生走进大自然,学习观察瞬息万变的色彩、复杂的景物造型、层次分明的空间结构,进而训练他们对景物和对象概括提炼的能力。将"外师造化,中得心源"这个理念,真正与学生的创作建立起关系。我的方法主要有以下几个:

第一,师造化。营造融洽的氛围,保护并启发学生个性。同学们走进自然,自行选择创作对象。课程讲评在星空下、乡野中,太阳落山后的讨论,成为大家期盼的欢乐时光,把作业投放到屏幕上,由学生本人讲述,其他同学讨论,最后由我根据学生的特点,有针对性地进行讲评,对重点问题进行研讨。

第二,师古人。学生讲评课件的制作,是我着力下功夫的。把学生作业与相对应的中外名作进行比较研究,借鉴经典启发学生心灵。在学生与大师之间寻找诸多共性,对于学生研究创作直接而有效。从积累的数千张名作资料库中选出与每个学生作业最为接近的作品,需要耗费教师大量时间精力,但教学效果极好,使学生终身受益匪浅。

第三,通修辞。绘画创作之外,通过书写的方式,与学生在学术与思想上沟通。以语言思维培养和挖掘他们的艺术思维,以艺术思维促进他们的语言表达能力。学生自评、互评、教师讲评的环节丝丝相扣,全方位地展现大家对当下艺术发展的观察与感受,最终使他们做到独立思考。成熟的作品,源于成熟的个人。

反思总结——为有源头活水来。知识虽然可贵,但如果教师不能以知识作为背景去引导创作,知识就没有生命力。教师的自信,是建立在深思熟虑的基础之上。教师的自觉,在于接受知识后的运用。训练学生将艺术知识与审美素养用到写生与创作中,懂得色彩与生活之间的关系,体会色彩存在的价值和意义,从而逐步形成其艺术风格,为以后的创作打下坚实的基础。

设身处地，塑造价值

黄 艳

大家好，我是美术学院的黄艳，我承担的是本科生的"专业设计6"课程。以下是我关于作业设计中的立德树人的同行锦囊。

作为环境艺术设计专业在本科阶段毕业设计前最后一个大的设计课，设计方案的选题尤为关键。它不仅决定了设计方案的创新程度，而且决定了作业研究价值的广度和深度。而这也恰恰是令同学们感到困惑和迷茫的地方。

我在作业课题的设计和安排中非常重视帮助学生树立正确的价值观，并引导他们思考如何通过专业学习和研究体现出这种价值观。在作业课题的初期阶段我会花大量精力引导同学们进行"头脑风暴"，对场地中的问题和可能的切入点进行充分的讨论。我给同学们的建议非常简单而实在，就是从场地中"最小、最土"的问题切入。"小"意味着关注大众、普通人的日常性需求；"土"则不仅意味着场地独特的历史、自然、人文条件，而且蕴含着生态的考量。我会通过案例研究的方式向同学们详细说明，如何从日常的、人们习以为常或者不太关注的角度入手，分析其潜在的发展前景和影响等，并通过作业课题的过程进行练习，从而在立德树人和专业学习之间搭建直接的桥梁。

"人文关怀""生态可持续发展""传统文化"等词语同学们虽然常常听到但理解不够深刻，或者认为和自己的专业能力关系不够紧密。因此，对这些词就不能仅仅从专业、学术的角度进行阐释，而是需要从同学们自身成长的环境、背景，以及切实的生活体验中切入，帮助他们梳理出所蕴含的道理、其背后的脉络等。这样不仅能让同学们理解我们专业学习的崇高目的和意义，而且将专业学习与价值观塑造、品德的培养等相联系，从而取得专业、品德双丰收的效果。

让时代脉搏在课堂跳动

郭 湧

大家好,我是建筑学院的郭湧,我承担的是本科生"风景园林工程""竖向设计""风景园林设计1",研究生"景观技术"等"工程技术板块课程"。以下是我的同行锦囊。

当今世界正经历百年未有之大变局,新一轮科技革命和产业变革深入发展。科学技术在成为推动经济社会发展的第一推动力的同时,也成为影响国家竞争力的核心力量。在社会经济高质量发展的要求下,信息产业主导经济发展。信息化、智能化成为培育新动能的杠杆。

在此背景下,面向风景园林专业本科低年级学生的课程思政建设,其切入点就在于:将宏大的时代背景具体化,让学生在课堂上能够切身体会科技发展的动态,感受风景园林工程技术的未来需要,从而树立学习的志趣。在教学中,我尝试从教学模式、教学内容、教学方式上丰富信息化的内涵,让学生"沉浸式"地体验技术发展的动态。

在教学模式方面,我采用了这样的设计:技术板块课程突出将理论讲授与动手实操相结合,以信息技术促进教学形态的虚实融合。例如,"风景园林工程"课利用虚拟仿真实验,基于经典工程案例的三维实景模型和风景园林信息模型,利用游戏引擎开发了"风景园林工程管理虚拟仿真实验"项目,让学生在数字环境中"虚拟实操"风景园林工程的工程交底、施工组织、工程验收等环节。

在教学方式方面,我努力实现了常态化的线上线下融合教学。例如,"竖向设计"课会通过雨课堂发布微课视频对知识点进行讲解并演示作业题目的解题过程，供同学们用于课前预习和课后复习。课堂讲授则根据学生线上学习的进度进行调节反馈。在 2020 年新冠肺炎疫情防控期间，"风景园林设计 1" 这门课，借用"数字孪生"概念搭建了远程设计协同服务器，取名为"数字孪生教室"，为同学们提供计算资源、设计软件、文档管理和工作协同等方面的支撑。这些内容后来转化为常态化条件下的教学资源，至今仍发挥作用。

以上的内容既是信息化技术的教学应用，也为学生的学习构建了一种信息化环境，可以从多个方面让学生在教与学的过程中切身体会新一轮科技革命和产业变革带来的教学形态变化，让他们在课堂中听到时代脉搏的跳动。

向学习学习

张 昕

大家好，我是建筑学院的张昕，除"建筑光学"建筑类论文写作方法等技术类课程外，我一直从事一年级做 1 对 10 的建筑设计教学。以下是我的同行锦囊。

设计课的特点是师承制教学模式，教师要在 8 周的时间里陪伴 10 名同学成长。如何利用好课堂时间做好言传身教？教师在增强自我修为的同时，也要学习学生的优秀特质。

其一，学习专注。建筑设计是依赖专注和投入的。学生们将 8 周几乎所有课余时间投入一件设计作品，是极为宝贵的学习状态。也因为有了专注，才会有极致的喜悦或失望。处于千头万绪中的教师，要学习如何进入 18 岁少年的专注状态，要学习如何共情，要认真看待每个阶段性结果都不完美的作品，慎重给出修改意见。

其二，学习放低。建筑设计是在批评中进步的。学生们通常会放低自己，近似无条件地接受修改意见，这是他们设计能力提高最快的时期。在快速成长中的年轻人面前，在思想碰撞当中，教师也要学习放低，要敢于承认教学判断的失误，经营师生共同参与、共同受益的新陈代谢节奏，这是比表扬和批评更有效的教学手段。

其三，学习沟通。建筑设计是空间与时代的一种沟通。每代人都有自己独特的交流方式，而教师的话术也将由学长逐渐走向父母，最终成为祖辈。通常端坐在绘图桌中轴线上的教师，也许可以坐在一角，聆听同学之间如何互相点评，探究图纸背后的内心活动，学习年轻人更容易接受的表达方式，把每个 8 周都变成新的社会实验。

其四，学习喜悦。成年人的喜悦是短暂而隐忍的。但在设计课上，在年轻人那里，能够非常真切地感受到每个作品完成后的喜悦，建筑师的职业责任感也是靠这些喜悦和背后的汗水一点一滴积累起来的。沿路设置一些"小磨难"，终点预埋一个"大肯定"，一定会放大那份喜悦，这也是设计课教师很重要的成就体现和幸福来源。

正如彭刚校长所倡导的，价值引导在课堂教学中应如盐在水、润物无声，向学生学习的过程，会潜移默化地让学生做出价值判断、梳理和再输出。教师向学生学习，不是一件容易事。如果把课程思政理解为教师每年都要上的一门必修课，也许能更好地理解这件事，推动这件事。

第十章

艺术课中的立德树人

　　清华大学艺术课是艺术教育中心开设的一系列通识课程。该系列课程按照教育部对艺术类课程思政建设的要求,以"创新能力培育"为抓手,在课程教学中教育引导学生立足时代、扎根人民、深入生活,树立正确的艺术观和创作观,坚持以美育人、以美化人、以美润心,积极弘扬中华美育精神,引导学生自觉传承和弘扬中华优秀传统文化,全面提高学生的审美和人文素养,增强文化自信。

从文化了解音乐现象，从音乐透析文化内涵

罗 薇

大家好，我是艺术教育中心的罗薇，我承担的是本科生的"多元文化中的音乐现象"课程。以下是我的同行锦囊。

音乐是什么？它本质上是散播在空气中、看不见摸不着的声波振动。那么，我们究竟该如何去把握这种所有艺术门类中最为抽象的表现形态呢？

音乐从来就不是一种孤立的文化形态，它是植根于特定历史时期而形成的具体文化表达方式。与同时期更加具象化的艺术形式一样（比如绘画、雕塑、建筑等），音乐是时代和社会环境的产物，准确而又辛辣地反映着政治经济、社会文化给大众意识带来的最鲜明冲击。既然如此，我们是否可以借助可视化的艺术门类更直观地走近音乐，用它们折射出的时代观、审美观、文化观，更好地带领我们走入相对抽象化的音乐世界大门。

与此同时，音乐对于我们普通人又意味着什么？对于大多数非音乐专业的清华学子而言，音乐似乎是一门最无关学业前途的课程。音乐不能解决温饱，不能带来名利，但它是人类被赐予的最宝贵财富，是人类表达情感最直接的生命本能。音乐如同一把钥匙，可以帮助我们打开审视社会文化的窗口，去了解不同地域、不同种族的人类，正在用何种方式去传达普释人性的情感，进而更好地帮助我们理解生存的这个世界以及不同文化间的差异。

用音乐的灵性点亮智慧的人生，愿音乐可以成为你我陪伴终身的挚友！

戏剧创作的主题来自自我资源的整合

肖　薇

大家好，我是艺术教育中心的肖薇，我承担的是本科生的"戏剧编导创作—基础理论与实践"的通识类艺术课程。以下是我的同行锦囊。

当我在课程中讲到创作主题时，很多同学会对如何寻找主题，到底写什么样的故事才切合主题产生困惑。关于主题，同学们或者不知道该说什么，或者想说的很多。

这时候，我会先用提问的方式激活同学们的感受，请大家填写一些句子。句子的开头往往是："我的家庭""大多数人""我的梦想""在晚上"，等等，这些是基于人生境遇的体验、感知与觉察。在这之后，我会再问到一些拓展性问题，诸如："如何看待暴力""艺术的价值""公平的代价"。这类问题能够将同学们的视野带入更广阔的世界，并结合阅读与学习、研讨与思考，提升我们的多维度认知。最后，我还会请大家以小组形式在组内、组间相互提问，以补充那些大家关注和感兴趣的问题。通过不断提问，可以筛检出每位同学想要创作与表达的内在倾向。

主题，其实是一个为各种艺术形式所共有的概念，各种想法都可能成为作品的主题。真正有力量的主题往往是从创作者的体验中产生。主题是生活暗示给个体的一种体悟与思想，同时会在作者心中唤起一种欲望，从而形成创作的内驱力。主题往往是深刻思想的体现，由哲学观、道德观、价值观、美学观以及个人品格和修养所决定。在我看来，艺术课程中的思政力量，就是由教师灵活运用多种教学手段，引发学生的自发性探索，发掘个体的自我资源并加以整合，以艺术想象与付诸实际的创作进行表达。

在此过程中,我会尊重学生的个性化发展,对学生的创造力与思维力进行持续开发,从而培养他们全面的人格。

特色为线、舞种为块、名家为点

金 浩

大家好,我是艺术教育中心的金浩,我承担的是本科生的"舞蹈文化与审美"课程。以下是我的同行锦囊。

这门课程集中了一系列的中外优秀舞蹈艺术作品,包括:中国古典舞、中国民族民间舞、芭蕾舞、现代舞及音乐剧等经典之作。针对每一舞蹈种类的鉴赏,课程力求做到将生动的现象描述、深入的背景挖掘、深刻的理性分析相结合,并对舞蹈作品在当时环境中的趋向延及未来的意义等做出精要分析、评论。

课程基于"特色为线、舞种为块、名家为点"的思路,分单元式地进行贯穿讲授。课程的中期和总结部分还增加了舞蹈评论与写作,尤其在舞蹈作品的择取上,注重让大学生了解不同作品的风格、类型、形式及内容,侧重培养大学生的审美艺术视角与舞蹈品鉴能力。帮助他们全面了解中外舞蹈艺术特点与概貌,并能够进行审美分析和点评,最终达到提升艺术修养和美育素质的目的。

我会以讨论式教学为主,从传统的"背景介绍"和"作品分析"带领学生走向"创造性解读"。通过视频资料、现场表演等展示,便于他们由浅入深地掌握舞蹈基础知识,活跃课堂气氛,引导大学生进行审美文化思考,丰富舞蹈文化底蕴和艺术氛围。

在课堂教学中,我采用了启发式、讨论式的教学方法,在培养学生积极思维、教学互动方面取得了良好的效果,学生更容易表现出不同的兴趣和自身优势,使得教师能够根据个体的不同情况进行引导。阶段和期末开放式的作业，激发了学生对舞蹈艺术的创造力和灵活性。教师还建立了舞蹈音像资料库，使教学内容形象直观，易于理解，提高了教学效率和学习的主动性，被学生所接受和喜欢。

美、愉悦与品位，活出自己，全面发展

邢高熙

大家好，我是艺术教育中心的邢高熙，我承担的是全校学生的"舞蹈鉴赏与实践"选修课，担任艺术团舞蹈队的艺术指导。以下是我的同行锦囊。

美是艺术必不可少的属性。没有什么东西像它那样，刺激精神，集感性与理性于一身。美是对生命的解读，是灵魂的觉醒。

对美的理解，仁者见仁，智者见智。综合类大学的艺术教育，是在通识课程下开展个性化教学。因此，既要考虑到受众的审美，同时还要考虑到当今时代的思潮。舞蹈艺术是肢体的动作，除了达到端整仪容目的外，也是为了让心沉稳、安定，达到向内收心的效果。进而，可以培养高尚的人格，获得有品位的愉悦。

在现实的教学中，我常遇到艺术与专业之间的矛盾问题。这是个真实的案例：有位同学为了在艺术审美和表演水准上有实质提升，付出了大量的时间学习和练习艺术。有时甚至占用了专业课的时间。专业课教师找到这位同学，严厉地说："将来艺术能当饭吃吗？"这位同学很苦恼，文化课成绩和自身的艺术爱好都重要，都不能舍弃。

幸运的是，经历了一段时间的痛苦折磨后，他实现了两者的平衡。学习艺术不仅没有影响学业，反而发挥了互相促进的作用。在完成好学业的前提下，他坚持学习艺术课程。从开始简单的蹦蹦跳跳，到有品位的愉悦身心，艺术教育给了他积极乐观的生活态度。这对于大学四年乃至今后的人生来说，都是收获和财富。学校的专业课学习和艺术社团活动，不是对

立的，尊重天性，加以引导，就会发现每个学生都有艺术潜质和天分。

美启迪智慧，丰富生活，艺术源于哲学，哲学启发艺术，道形而上，艺成而下。

结合设计一线，激发学习兴趣

蒋红斌

大家好，我是美术学院的蒋红斌，我担任的课程是在车辆与运载学院开设的"透视与结构素描"课程。以下是我的同行锦囊。

"透视与结构素描"课程一般开设在艺术设计院校，作为公共基础课，在大一的时候用大约 4 个星期训练学生们用素描的方式把自己的想法呈现于纸上。它是融理性思考和感性判断于一体的课程。这个课程转移到理工科院系开设之后，教学内容需要有变化。所以，在课程的结构和课程的内容上，我花了很大心思去做调整。

"透视与结构素描"致力于激发学生对设计创新的热爱，把握设计创新的设计方法。理工科的同学往往会因为素描而联想到美术，联想到艺术，但又没有经过长期的美术训练，从而觉得这个课程非常难。对此，我在课程中要解决的第一个问题就是，让他们知道设计的绘画素描与纯粹美术的绘画素描要实现的目标是不一样的。我导入了一个新的理念，用设计的工作方法作为牵引，带他们去参观设计一线，让资深的设计师给他们演示他们在工作过程当中所使用的草图。这便是透视与结构素描的实际应用。这样的导入往往是磨刀不误砍柴工，在有限的课时里面，我把一些优质的设计师和设计方法呈现于他们的眼前，让学生们知道我为什么要这样画，我画这个到底和美术呈现一个事物完整面貌的素描有什么区别，这样的教学方法收到了非常好的效果。

在一两个星期当中，学生们知道了整个学习的目标和未来做设计创新、提升自己创新能力的方法。此外，这门课在结构上也做了改变。我告诉理工科的同学，我们的目标不是让你当画家，而是让你通过这门课程具有创造性的能力，能够用基础的绘画手段，把自己的想法记录起来。因此，我们让同学在桌面上用 A3 或者 A4 纸把自己的想法呈现出来。而这种方法实际上就是现代设计师在实际工作当中的一种工作方式。这样就把实际的工作要求、绘图的主要目的与未来的设计的创新能力以及绘画的手段结合起来，在很短的时间里让同学们知其然又知其所以然，并且调动了他们对素描的信心。有了信心，他们就能够在很短的时间里去热爱这门课程，热心于接受和学习课程讲授的范例。

  同时，我把课程讲授的内容整合在整个基础课程系列中，和其他课程结合起来。我了解到，在学生上大一时的课程中，我的课程与他们的工程课是可以联系起来的，比如说工业工程制造，或者有一些机械制图，甚至做模型的课程，都在相隔不远的课程体系里面。我这个课程是 4 个星期，那前面和后面的 4 个星期呢？他们有可能都在上制图课，上计算机建模课，我就把这个课程的原理与其他课程整合在一起，主动与各个专业的老师联合起来。有的时候不同课程布置的是同样的作业，他上午可能做完机械制图的作业，下午在上绘画素描的课。在未来的探索当中，我隐约觉得甚至可以把课程与工程模型、电脑制作整合在一起，这样能够取得事半功倍的教学效果。

戏墨人生，乐在其中

王　巍

大家好，我是美术学院的王巍，我承担的是研究生的"中国画笔墨情趣研究"课程。以下是我关于课程笔墨实践中戏墨人生的同行锦囊。

"中国画笔墨情趣研究"课程是加强研究生素质的课程教育，旨在提高研究生艺术素养，让更多不同专业的学生学习中国绘画艺术，感受中国文化艺术的博大，继承、传授、传播中国国粹艺术。本课程的问题就是没有问题，没有门槛，交给你基本方法，让每个人都能亲自动手，把笔墨作为个人的情感表达，在享受艺术快乐的"游戏"中尽情挥洒笔墨，成为艺术家，体验这份乐趣，创作出个人的独特艺术作品。本课程不仅仅起到研究生教育教学的改革目的，更希望最终能发展成为一种吸引更多学生参与的教学模式，让全校各专业师生参与其中、乐在其中，这也是本课程的最终目的和最大亮点。

本课程以纸、墨为媒介，在纸墨艺术的结构方式与空间意识当中，发掘"媒材"语言的多种艺术表现方式。突破传统笔墨语言的束缚，运用绘、撕、剪、变异、拼贴、挪用、折叠等多种纸媒变化，最大可能地挖掘纸、墨特性，将纸墨语言与当代艺术样式交融接轨，通过非叙事性的意象表达，表现学生自我独特的艺术观念与趣味。通过发挥"人工纸能"的诸多可能性，使学生在开阔的思维中领悟中国笔墨点线面元素单纯而丰富、传统而当代、抽象而意象的文化艺术魅力。并且可以在进行多样实验的过程中与选课学生的专业方向相适应，探索水墨与设计艺术、雕塑艺术、版画艺术的相互交融，进而迸发新的艺术语言与创作灵感。挖掘水墨语言与不同纸质形态和媒介所生发的、映射于诸多艺术语言背后的情感驱动与思想心理诉求，并且发掘其深层次的文化连接。适当抛开水墨语言的艺术核心作用，充分发挥纸、墨的多种艺术潜能，将"媒材"本身视为作品，发挥"纸能"强烈的自我表达特性。做到完美的"戏墨人生"。

《梅开五福　竹报平安》王巍

第十一章

体育课中的立德树人

　　清华大学体育课是体育部开设的基础必修课程。体育课以课堂为课程思政的主渠道，将立德树人的教学目标有机融入体育教学中，通过培养学生勤学苦练、敢打敢拼、不畏失败、敢于胜利的体育精神，培育具有强壮的体魄、顽强的意志、积极向上的态度和国际化的视野，忠于祖国、保卫祖国，具有家国情怀的社会主义建设者和接班人，有效将育德、育智、育体、育美、育劳有机融合，践行"五育并举"的教育理念。

把德育内容自然融入教学过程

田奇乐

大家好，我是体育部的田奇乐，我承担的是本科生的"二年级男生篮球"提高课程。以下是我的同行锦囊。

体育课的目的更多的是通过身体行为的活动，让学生在心灵上有震撼，在人格上受影响。如何把德育内容自然地融入技术教学环节，是我在设计课程时反复思考的问题。

我会注意从课堂的实际出发，在教学练习过程中设置分组竞赛，要求各组成员必须齐心协力、精诚合作。例如，在教授传球技术中的四角传球时，我要求各组必须高质量完成连续100次的传球，中途一旦球落地就将归零重计。在投篮技术教学中，学生必须在规定的距离和位置完成相应的投中次数。这就要求每个成员在每一次投篮时都要发挥自己应有的作用，学生的团队精神、合作意识以及执行力等能力也由此得到培养。

在讲授篮球技术的同时，我会引入有关篮球的历史故事，以此来育人育心。在教授传球技术时，除了教会学生掌握"拇指朝下食指朝前的手法、预判同伴速度、注意隐蔽传球意图"等技术因素外，我会伺机讲授NBA传奇人物拉塞尔和库西之间的故事，强调他们在球场上通过高超的传球技术，成就了彼此。通过这个故事，学生能够感受到合作的力量和友谊的可贵，确信不论何时我们都要相信团队的力量。在每次运用篮球技术时，我希望他们都会想到，传球传递的不仅是一颗篮球，传递的更是对彼此的信任。

在课程的结束部分，我会注意引导同学们主动于平时的学习生活中运用这些精神，用心体会，努力成为一个敢于担当、有责任心、有同理心和善于合作的人。

让乒乓球学习变得更加快乐和科学

王海燕

大家好，我是体育部的王海燕，我承担的是本科生的"女生乒乓球"课。以下是我的同行锦囊。

乒乓球教学在践行"三位一体"教育理念方面具有"天然"的优势，第一，乒乓球是我国的国球，"乒乓精神"激励了一代又一代人，弘扬"乒乓精神"，传承"体育文化"，是乒乓球教学的使命所在；第二，乒乓球丰富多彩的旋转既富有魅力，又难以掌握，清华学子"非凡"的学习能力为突破这一难点创造了条件；第三，乒乓球作为体育项目，也具有迁移价值，让思政内容融于教学之中是一件有趣的事情。为此，我为同行分享两个"锦囊"。

第一，让经典故事点燃学习的激情。精选与每堂课相"融合"的乒乓球故事，例如，在讲搓球技术时，会讲解容国团两次提出"人生能有几回搏，此时不搏更待何时"的背景，并结合视频讲解容国团如何利用搓球技术为我国获得第一个世界冠军和第一个男团冠军。通过"数据说话"和分组交流的方式让课程思政融于教学过程之中，例如，通过百年乒乓球比赛数据分析得出，平均每一项创新，可以为一国获得 0.49 块金牌，从而让学生理解不断创新才是我国乒乓球长盛不衰的秘诀。

第二，让乒乓球插上科学的翅膀。将物理学原理运用到乒乓球教学之中。例如，在讲解"如何发下旋球"时，借用伯努利定理的吹纸条试验和牛顿第三定律，让学生明白旋球的特性；通过力（F）和力臂（L）的关系，让学生理解如何才能使球快速旋转起来。物理学原理的应用不仅提高了学生的乒乓球技能,还培养了学生科学探索精神。

希望我的分享能对同行的教学有所启发,希望我们的课堂能在快乐和科学中翱翔!

以人为本，文武并举

王玉林

大家好，我是体育部的王玉林，我承担的是"二年级女生武术（剑术）""三年级武术（太极拳）"等课程。以下是我的同行锦囊。

作为一名武术老师，多年的武术教学实践，我愈发清晰地认识到武术独特的育人价值。以人为本，如何发挥武术多元化功能价值，服务于清华对学生的培养目标，是我一直努力的方向。

武术，蕴含着丰富的民族文化思想。面对学习能力、理解力、感悟力很强的清华学子，以智力学习优势促进体育学习发展。因此，我结合武术教学内容，采取"文武并举"的教学思想：一方面加强对同学们武术动作击技内涵介绍，提高他们对动作技术本质的理解，以及练习武术时的精气神；另一方面，注重武术背后的文化思想基础介绍，使同学们知其然，又知其所以然，激发他们学练武术的兴趣，提高学习效率。

我根据清华学生身体素质、体育基础，采用了螺旋式递进的武术教学方式。在教学过程中，我先化繁为简，进行手型、手法、步型、步法和腿法等基础练习，使学生一看就会，易学易练，增强同学们初学武术的自信心，保障武术教学课上的学生有足够的运动量。在此基础上，循序渐进地推进武术教学计划，不断提高同学们动作劲力和规范性，由学习单个动作技术开始直至掌握整个武术教学内容。

"以人为本，文武并举"的武术教学，可以使同学们在武术运动中既锻炼身体、发展体育素质，又能习得武术技术，受到文化熏陶，树立起对民族文化的自信。

在快乐毽球中增强体质、健全人格

董 刚

大家好，我是体育部的董刚，我承担的是本科生"毽球""足球""航空体育"等课程。以下是我的同行锦囊。

快乐体育的教学模式，以引导学生享受体育乐趣、增强体质、健全人格、锤炼意志为目标，力促学生的身心都能得到锻炼。自 2005 年教授毽球课至今，受到广泛好评。教学中有几点体会：

第一，贯彻快乐毽球的理念。通过比赛激发同学们团结协作精神、集体荣誉感和顽强意志，同时活跃场上的气氛。每个学期期末，都会安排师生之间"一对三"教学比赛，同学们憋着一股劲头儿与专业运动员老师较量，更能激发在场所有同学们的斗志，将快乐毽球进行到底。

第二，设立课堂小常识环节。在这个环节中，通过自我介绍让大家相互认识，锻炼同学们语言表达与沟通能力，分享自己学习到的体育方面的小常识。

第三，注意因材施教。每位同学的条件和基础有所差异，而体育精神就是要以超越自己为目标。因而教学中注重培养学生永不言败的意志品质，鼓励每一位同学挑战与超越自我。哪怕多踢一个毽球，都是超越自己。体育教育中，"育心"更重要，努力做到关心、关爱、鼓励、激励每一位同学。

第四，教学方法要有多样性，使学生对毽球产生兴趣。组织学生自主锻炼，通过组织教学比赛，更能帮助学生透彻理解毽球专项知识。

讲故事、定计划，实现理论与实践的结合

张树峰

大家好，我是体育部的张树峰，我承担的是本科生"一年级体育基础"课。以下是我的同行锦囊。

一年级基础体育课的教学目标是：让学生掌握科学训练的理念和方法，全面培养学生速度、力量、耐力、灵敏、柔韧身体素质，养成健康的体育锻炼习惯，建立"每天锻炼1小时，争取为祖国健康工作50年，幸福生活一辈子"的信念。为此，我为同行分享两个"锦囊"。

第一，借助高水平运动员故事和制订个性化相应训练计划，激发学生学习动力，帮助他们掌握科学锻炼方法。例如，在教学生如何提高有氧耐力水平和3000米成绩时，我会讲述肯尼亚马拉松跑者吉普乔格的故事。吉普乔格以1∶59∶40的成绩完成马拉松，成为马拉松历史上首位在2小时内跑完全程的人，创造了历史纪录。通过这个故事，可以激发学生的锻炼体能的内在动力。我也会结合学生特点，制订合理的教学计划，设计适合学生水平的分段计时法。通过故事和计划，让学生明白只要不放弃，同时进行科学有计划的练习，就能达到相应的水平。

第二，将理论渗透到课堂教学中，实现理论和实践的相互交融。例如，在讲解如何提高力量素质时，我会介绍离心收缩和向心收缩相同点与不同点的理论，并向同学们指出，想要增强肌肉力量，"离心收缩"是不可或缺的，因此快上慢下是很重要的练习方式。通过这种将理论和实践相结合的讲解方式，学生可以更好地理解如何提高肌肉的爆发力，如何提高耐力和如何增肌、减脂。

学会有尊严地赢，也学会有尊严地输

周 放

大家好，我是体育部的周放，我承担的是本科生的"排球"和"气排球"课程。以下是我的同行锦囊。

清华体育课程是我校学生接受学校体育教育的最后阶段，也是体育观念、运动习惯形成的最后时刻。我在多年的排球教学实践中，始终注重培养学生的个人品格和社会品质，助力他们长远的健康发展。

老校长周诒春曾说："体育不仅是为强身健体，更重要的是养成与体质强壮相应的心理与健康，通过运动有强健之身体，活泼之精神。"梅贻琦校长也有同样的表达："体育主旨不在于练成粗腕壮腿，重在团队道德的培养，在今日提倡体育，不仅在操练个人的身体，更要借此养成团队合作的精神。"

在分组配合教学练习中，我会耐心地给同学们讲解：一传不到位，二传应尽量弥补，将球传好，要谅解一传不可能全到位；二传如果没传好，攻手要尽量加以控制，也要理解二传不可能每个球都传得准确。不体谅别人的失误，配合就无法进行。

同学们深知，每人只能击球一次，某个人如果打得不好，团队的其他成员要去鼓励他，帮助他。在球场上，我听到最多的话就是："没关系，再来"和"让我来"。在排球课堂中，同学们学会了体谅与宽容，理解与担当。结合教学比赛，给同学们诠释和解读中国女排精神的内核——明知赢不了，但依然拼尽全力！使同学们领悟到要从体育的"育"当中学会去有尊严地赢，也学会有尊严地输。

有目标、有计划、有收获

王俊林

大家好,我是体育部的王俊林,我承担的是本科生的"一年级体育基础"课。以下是我的同行锦囊。

大一年级是学生大学生活的启航阶段,第一堂体育课给学生们打开了清华体育的这扇门。考虑到第一堂体育课具有的激励效应,我的第一节体育课给学生设定了明确的教学目标:通过大一体育基础课储备体能和体育知识,为高年级的体育课打下良好的基础。这样,同学们从大一升入大二,可以选一个自己喜欢的体育项目并且学会它,让它能够融入到生活中。在此过程中,可以交到志同道合的朋友,让这项运动伴随终生,强健体魄,真正地做到为祖国健康工作50年。

讲解体育锻炼的专业知识,有时候学生不能马上理解。我的锦囊是,利用课堂的锻炼安排,让学生在锻炼中体会。例如,清华的特色长跑课,除了提高学生的运动成绩之外,更重要的是让学生体会制订计划的重要性。每次课前,我会给学生发一份循序渐进的计划表。我要求学生根据自己的水平设定目标,单周练耐力,双周练速度,把速度和耐力有效结合。通过一个学期的练习,在期末长跑测试中,有的学生达到了满分,有的能够跑到及格。每一位同学都感受到超越自我的喜悦。从而引导学生意识到,在学习和生活中遇到问题不要焦虑,有目标、有计划,就一定会有收获!

以学生为中心,贯彻"课比天大"

张继东

大家好,我是体育部的张继东,我承担的是"二年级男生武术""航空体育"等课程。以下是我的同行锦囊。

作为一名教师,在教学工作中,我应该认真编写教案,不断归纳总结经验教训,从而准确把握教学重点,并注重因材施教,根据学生实际情况,尝试不同教学方法。课堂上,我有意识地以学生为主体,教师为主导,通过游戏、示范、动作实战讲解、分组对比练习等教学手段,充分调动学生的学习积极性,活跃课堂气氛。这种方式,变"要我学"为"我要学",极大地提高了课堂教学效率。此外,我在课堂上特别注重武德教育,师生见面互行"抱拳礼",贯彻"未曾学艺先学礼、未曾习武先习德"的优良品德。

在一次上课过程中,我突然腹痛难忍,但还是坚持完成了这次课的教学任务。下课后我被同事送到了医院,进行了阑尾手术。同学们听说此事后,纷纷来到医院探望我,我很感动,也很欣慰。之后有同学在私下里曾说通过此事,切实地感受到了体育运动中吃苦耐劳、顽强拼搏、坚韧不拔的精神,我也很高兴能通过自己的言行举止,给学生起到了表率作用。

建立网球搭档机制，培养团队合作意识

王壹伦

大家好，我是体育部的王壹伦，我承担的是本科生"三年级男生网球"课程。以下是我的同行锦囊。

网球虽然是一项个人运动，但在双打比赛和平时练习提高过程中，需要和搭档共同来完成。在网球课学期初，我会让同学们找到并固定搭档，可能是室友、同学，也可能是在此之前互不相识的人。之后，两个人需要一起通过 16 周的练习，共同完成 5 个回合以上的对打，才能及格。

整个过程中，两个人需要共同完成课上学习、经常进行课下练习、不断沟通磨合，最后通过配合，共同完成考核。这期间，互为搭档的两人，有时会相互鼓励，教学相长，共同进步，有时也会出现分歧，甚至拌嘴，可冷静下来，学会的是和解与宽容。到期末，搭档水平的提高也是自身水平的提高，进而带动了团队水平的提高。因此，通过一个学期的网球课程学习，同学们不仅收获了革命友谊，更认识到团队合作的重要性！

我也通过教授网球规则及礼仪文化，来培养同学们的规则意识。比如：在现场观看网球比赛时，形成死球后才能鼓掌加油；在运动员换场休息时，才能在看台上走动；作为选手参加网球比赛时，要尊重规则，无论输赢，赛后都要与裁判和对手握手，表示尊重和感谢。我希望我所教的同学们学会打球，更能"懂球"。

责任心与爱，是体育教学的一贯坚持

郭惠珍

大家好，我是体育部的郭惠珍，我承担的是本科生"三年级太极功夫扇"和"航空体育"等课程。以下是我的同行锦囊。

无论何时，我都十分珍惜成为一名教师以后所经历的一点一滴。在我37年的体育教学生涯中，对学生的责任感与爱，是我一直以来的初心坚持和原则坚守。

我一向认为，"打铁还需自身硬"，作为老师就是要走在学生的前面，要求学生做到的，老师更要做到并且做得更好。在我所教授的"太极功夫扇"课程中，不管是我上的第几节课，我都会以最饱满的精神状态将每一个要学习的动作做到最好。老师在课上的言行，会直接影响学生的上课态度。因此，我希望用我的一言一行去感染大家，让同学们明白，要抱着乐观的态度，积极向上地对待自己正在做的事情。

此外，我在课程中向学生传授中华武术的知识，让他们感受到作为中国传统文化的武术的魅力所在。扇子的开合之间既是技巧，又有着特殊的意涵。我们学的是武术，体悟的是人生。在立德树人方面，校党委书记陈旭老师和体育部主管教学工作的赵青老师，都是我敬佩和学习的榜样，她们的真诚与平和是我非常欣赏的。在与学生平时的相处中，我也从来都是以真心相对，不管是武术动作的学习还是生活中的小困扰，我都很乐意为他们答疑解惑，衷心希望他们可以变得更好。

面对教学，奉献自己，燃烧自己，是我始终不渝的追求。

精讲多练，以测代练，在实践中感受体育乐趣

周 涛

大家好，我是体育部的周涛，我承担的是本科生"女生健美操"体育课程。以下是我的同行锦囊。

健美操是我校仅针对女生开设的体育专项课，除了"健身舞蹈和啦啦操"这些主要教学内容以外，还包括大部分女生"谈虎色变"的1500米考试。学生喜欢"跳操"却"羞于"在众人面前"独舞"，乐于"跑步"却惧怕"考试"，如何改变这种现象，我采用了以下教学手段：

第一，遵循体育教学的实践性原则，促进学生个体身心健康和全面发展。教学则是授予知识和经验，令个体拥有独自学习的能力和判断力。教学中我始终秉持"精讲多练"的原则，学生只有通过实践才能逐渐培养出兴趣。"观察—模仿—再体会"的互帮互学是培养学生关注他人的有效手段。

第二，采用"以测代练"和"集体展示"的方法缓解学生的精神压力和"害羞"心理。在每一次1500米的跑步练习时，我都会对学生进行"计时跑"，目的是使她们逐渐减轻"一计时就心慌"的精神压力。"健美操"专项考试则采用"集体展示"的形式进行评比。这样，学生会意识到：荣誉，不仅来自个人的刻苦训练和不懈努力，更来自集体的共同奋进和团结协作。

第三，谨记"身教重于言教"。教师精通的专业知识、优美的动作示范、晓之以理的引导、欢快的笑容，以及充满激情的精神状态，对学生有直观的感召力。这些都将引起她们的共鸣，使她们乐于接受和效仿，借此达到"润物细无声"的教学效果。

塑造性格，锻炼意志

邢 玮

大家好，我是体育部的邢玮，我承担的是本科生一年级"基础体育（足球）"课程。以下是我的同行锦囊。

正如马约翰教授所言："体育具有塑造学生性格的迁移价值。"在我看来，本科生一年级基础课，作为同学们初入大学的第一节体育课，不仅可以为学生日后参与高年级体育活动奠定身体素质和运动技能的基础，也可以为他们日后学习和工作中的长远发展塑造性格、锻炼意志。

沟通交流是足球运动的重要内容。足球是一项团队运动，需要与队友充分沟通。因此，在指导同学们传接球时，我会要求传球的同学抬头观察同伴位置，在传球前通过喊名字来提示对方；接球的同学则要提前降低重心、脚下移动起来，这样既能提高接球质量，也能向传球人传递"我准备好了"的信息。在多人配合练习中，我也会要求大家在进攻中轮换站位，在防守练习的时候出声相互提醒队友补位。虽然大家水平不一，但充分合作的练习形式能逐渐建立默契与信任，培养大家共同面对困难的态度和互帮互助的精神。

竞技输赢是足球运动的重要特征。我会从每节课中都抽出一定时间组织班内比赛，告诉同学们在比赛当中要相互鼓励，相互弥补，享受过程。让同学们切身体会在竞技体育中为了共同目标拼尽全力的酣畅淋漓，让他们在比赛中收获自信、果断的性格品质，学会迎难而上、永不言败的责任担当。一堂好的体育课，一场成功的比赛，都是使学生塑造性格，锻炼意志的好机会。

第十二章
写作课中的立德树人

清华大学写作课是写作中心开设的通识基础课，于2018年启动，自2020年秋季学期起实现了对大一新生的全覆盖。写作课通过高挑战度的小班训练，显著提升学生的写作表达能力、提高沟通交流能力、培养逻辑思维和批判性思维的能力。同时，写作课秉承"过程性写作"的理念，以"形成性评价"为抓手，主动积极收集学生的学习反馈，有的放矢地开展教学活动是其特色，体现了其在师生互动交往中立德树人、深入推进课程思政的天然优势。

"云共享式"答疑,优化利用答疑时间

曹柳星

大家好,我是写作与沟通教学中心的曹柳星,我承担的是本科生的"写作与沟通"课程。以下是我的同行锦囊。

Office Hour(课余交流制度)一直是课堂外师生交流的另一方天地。面对面、平等而自由的交流,为师生带来了更温柔、更亲近、更互动的清华。但当线下教学转变为线上教学或融合式教学时,如何能够突破空间的阻隔,充分利用答疑时间、保证师生交流效果呢?

2020年春季,"写作与沟通"课程教师与往届学生共同开设了"共享式"的"写作云工坊"。我们整合了所有写作课授课教师的开放交流时间,将以往的一对一答疑转变为有全局规划的"云共享式"交流。基于雨课堂和腾讯会议,云工坊在线上开讲,所有选课学生都可以参与实时直播或在方便时随时回看。"云共享式"的工作坊并不局限于"教师"的单向输出,而是邀请已结课学生组建志愿者团队,在云工坊中分享他们在写作、沟通中的经验和体悟。在这一过程中,学生们从被动的接受者转变为主动的分享者,形成了课堂内外师生、生生间多向互动的氛围,真正做到全员参与式的写作课教学。

云工坊在学期内晚间固定时段上线,由授课教师、志愿者与不定期上线的特邀嘉宾组成直播答疑分享团队,包含了嘉宾分享、往届学生经验分享、朋辈直播提问、讨论区文字答疑等多种环节。直播内容一般会结合写作课的进展,围绕特定主题展开,比如:开学初关注文献调研与选题动机,帮助选课学生找到值得研究的写作题目;学期末则关注沟通与展示为学生

整理和展示写作成果提供帮助。

　　线上的"云共享式"答疑分享,提高了答疑的交流效率,让 Office Hour 能够服务更多同学,也让答疑可追溯、可回顾。另外,由师生共同设计、组织答疑交流,更搭建了学生与学生间的朋辈学习平台,提高了学生们的获得感。

以人为本,借"题"发挥

邵 玥

大家好,我是航天航空学院的邵玥,我承担的是本科生的"写作与沟通"课程。以下是我的同行锦囊。

"设计这门课的出发点在哪儿?"这是我备课时面临的第一个难题。

"写作与沟通"的基石是对读者和听众的关注,即对"人"的关注;课程主题"未来医疗"的源头是对患者及其家庭的关怀,也是对"人"的关怀;"课程思政"的初心是对每位学生健康成长、全面成人的关切,仍是对"人"的关切,其核心都是"以人为本"。因此,关注学生面临的问题和需求,站在学生角度思考并回答:课程能给他带来什么、有何意义、能如何帮助他们应对当前问题与未来需求,是我设计课程的出发点。

那么如何将课程在"教"和"育"两方面的功能进行无缝衔接?

为此,我尝试借"题"发挥,将常规教学内容中的话题结合学生的切身问题与需求进行延伸,并在研讨中"启发思考、形成观点、塑造价值、引导实践"。例如:从讲授申请书写作延伸到探讨过密的同质化竞争,即"内卷"这一全球现象,进而分享关于如何破"卷"、如何规划个人发展道路的思考;在展示前沿医疗技术的同时,分析干细胞、基因疗法等领域近年来违反科研诚信与科学伦理的著名案例,引导学生形成自己的科研伦理与学术价值导向,并在课程的学术写作中得以实践。由此,"教"的内容变成"育"的素材,"育"的过程成为"教"的行动向更多维度延伸。

我认为,"以人为本"是我授课的灵魂,虽然看不见、摸不着,但能与学生的心灵共鸣;"借'题'发挥"则是一根看不见的线,将"教"和"育"

连为一体。这不仅是对课程的塑造、对学生的培养,也是对我作为一名教师的洗礼。

重视课堂上的"挑战者"

张 芬

大家好,我是写作与沟通教学中心的张芬,我承担的是本科生的"写作与沟通"课程。以下是我的同行锦囊。

在日常教学中,我们会遇到课程上的"挑战者"。而"挑战者"对课堂教学来说,具有格外重要的意义。

记得有一次上课说起电影《哀乐中年》,有个同学打断说,老师,您刚才好像说错了,是1949年上映的。我说,你哪里看到的?他说,在百度上。基于他证据来源的不可靠,我坚持自己的看法。过了一会儿,他又打断我说,老师,我在读秀上搜了,都是1949年。我停顿了一下,说,好的,回头我查查。下课后,我在教室里打开电脑,查了石挥年谱:1948年拍摄,上映于1949年初。原来是我记错了。我立即为自己课堂上的自负感到羞愧。于是拟了一个更正发到班级群里,并表示赞赏他的质疑精神。他挺高兴。打那以后,他更认真听课,而我也时刻提醒自己细心。

有时,学生的这种挑战,还会发生在思维层面。在"个与群"写作课堂上,我们常会说起一些社会问题。有一次讨论费孝通的"差序格局"时,转而说起某企业的"九九六"。当大家都以道德标准来收尾时,有一个热爱阅读、高度近视的家伙,突然站起来用奇怪但又理性的视角,告诉我他的新看法。我从惊愕转而感到高兴,于是迅速向大家转述他的分析,甚至同时对原来的"标准"答案加以反思。他频频点头,似乎因为被理解而感到开心。

可以说,这些都是课堂上"神奇的意外"。它给我的启示是:作为老师,要承认自己随时可能存在的无知,要包容不同的观点,还要时刻保持活力。人文学科中,我们要的常常不是唯一答案,更重要的是理解一切结论背后的理由。而只有保持活力,才能确保"意外"发生时应该具有的谦逊和敏锐。作为教师,我们可能不需时刻占据知识和思想上的强势,而是不断尝试着肯定和激发学生内在的能量,给他们自由思考和想象的空间。并且,在这种互相陪伴的过程中,教师也可能会被教育,从而使自己的内在逐渐变得广博和强大。

用写作凿出"小我"与"大我"的个性化通路

李轶男

大家好,我是写作与沟通教学中心的李轶男,我承担的是本科生的"写作与沟通"课程。以下是我的同行锦囊。

我的课程主题之一是"九十年代"。每个学期的第一节课,我都会问大家:"你所了解的,你感兴趣的,关于九十年代的人、事、物有哪些?"在中心同事们扮演学生进行试讲时,老师们揣测同学们的心态,在这个环节给出的答案都是微观的,如四大天王、日本动漫、电视剧,等等;但是在实际的课堂上,同学们最常给出的回答却是"苏联解体""社会主义市场经济""港澳回归",等等。乍看之下,在第一节课,同学们就已经出色地完成了"课程思政"的目标,他们都关心国家大事,也都明白九十年代对于当下中国的重要性。

但是,当我回头去看他们在朋友圈分享的生活——他们关心二次元,关心清华的学习压力,分享各种玩乐打卡,又会觉得老师们揣测的答案是应该出现的。而现在同学们给出的答案似乎向我展示了这样一个现状:他们同时拥有一个"小我"的精神世界和一个"大我"的精神世界,但这两部分在他们的思想中是分割开的,从写作的角度来看,就表征为他们在谈论这两方面事物的时候,使用的是完全不同的两套语言系统。就此,在写作课中,我的任务之一就是从"写作"这个实践入手,帮助学生找到一条属于他们自己的、连通"小我"与"大我"精神世界的路。到学期结束,我希望每位同学都能给自己一个交代:从兴趣出发,从家庭出发,从学科出发,从生活出发,此时此刻的我究竟与九十年代那些大情小事有什么内在的、深刻的关联。只有我们真正在写作实践中连通了自己与历史,我想,我们才能够真正进一步理解自己,理解九十年代那些"大事件"的意义。

偶尔掩卷,静坐听雨

李成晴

大家好,我是写作与沟通教学中心的李成晴,我承担的是本科生的"写作与沟通"课程。以下是我的同行锦囊。

我的写作与沟通课的主题是"西南联大",在这个主题下,时代与个人选择、中西学术交流、传统性与现代性等都是选课学生感兴趣的问题。在具体的研讨过程中,我会以此为契机,引导学生对人文精神的关注。学生的关注在哪里,教育就发生在哪里,实际上也可以说,学生的关注是教育发生的契机。

在"西南联大"主题的线上雨课堂中,我播放了电影《无问西东》里的一个片段:静坐听雨。当年联大避居昆明,校舍都是茅草搭建,上面盖着铁皮,下雨时,屋外大雨,屋内小雨,声音聒噪如鞭炮齐鸣。电影中,物理系教授不得不停止讲课,在黑板上写下"静坐听雨"四个字,然后落座。这个5分钟的视频,是整个影片中没有过多台词旁白,但是给人印象最为深刻的一幕,学生看得也很投入。随后,以"静坐听雨"为引子,我们探讨了苦难中的自强教育而不是仇恨教育的问题,所用的例证也有"雨"字,那便是徐元白的《西泠话雨》。1945年,抗战胜利,徐元白结束"西南天地间"的漂泊,回到杭州,同张大千、徐悲鸿等泛舟西湖。忽然雨起,敲打乌篷,徐元白船中看雨,想到了一个民族在14年间的空前劫难,感慨万千,于是写下了《西泠话雨》这首曲子。琴曲清澈明亮,有着一种博大的并不颓废的忧伤,从中听不出一丝杀伐激越之音。这样有着古典韵味的一幕,曾经在历史上无数的场景中出现,比如蒋捷的《虞美人·听雨》。通过这样的穿插讲述，将学生基于电影片段的视觉关注引导到对其背后人文精神的思考，进而避免了空谈泛论。在"静坐听雨"的课程教学环节，我以现实为关照，启发学生在面对困境时自觉生发出一种沉静的力量。

2020年春季学期，为防疫计，老师和学生避居各地，通过"雨课堂"进行在线的教与学，这也是另外一重时空意义上的"听雨"；同样的，也需要保持一份静气来听一听这"雨"的声音。

从身边话题出发,启发学生多视角思考

窦吉芳

大家好,我是写作与沟通教学中心的窦吉芳,我承担的是本科生的"写作与沟通"课程。以下是我的同行锦囊。

我的课程主题之一是"社交网络",这是一个和同学日常的学习与生活密切相关的话题。在课堂上,我们会聊到社交平台,会聊到社交技术,会聊到社交网络中的热点问题,也会聊到社交网络背后的关系等。如何让同学们在获取知识、拓宽思维的同时,加强对相关内容的理解,是我设计课程时一直思考的问题。

有一段时间,学生普遍反映同学中的内卷问题严重。针对这一问题,在课堂上我们选择通过多角色带入的方式,从多元视角分析问题背后的逻辑,并寻求改善方案。我们讨论了"内卷"的含义,分析了内卷产生的内在原因,并尝试从学生、辅导员、教师以及政策制定者等不同的视角来分析应对内卷的措施。通过讨论,同学们加深了对内卷的理解,同时还意识到,换一个视角看待问题就会"横看成岭侧成峰,远近高低各不同"。

课堂中的知识交流与互动分享等环节,有利于教师与学生、学生与学生之间产生交互,也有助于教师有效把握学生对课堂知识以及关键问题的理解程度。从学生身边关心的话题出发进行内容设计,在讨论过程中引导学生发散思维,在发散以后再进行有效的归纳与总结,能够促进学生的课堂参与和有效思考。

"新瓶""旧酒"之中的变与不变

贾雯旭

大家好，我是写作与沟通教学中心的贾雯旭，我承担的是本科生的"写作与沟通"课程。以下是我的同行锦囊。

过去两三年，"00后"已经完全占据了我们的课堂。这些十八九岁的孩子们，有着比"80后""90后"在同年龄段更为广阔的视野、丰富的知识。面向他们的思政工作，更应当"新瓶装旧酒"。

"新"的是知识，是主题。我的课程主题是"传染病"。在新冠疫情肆虐全球的大背景下，这一主题受到了同学们的广泛关注。第一堂课上，大家便主动提出了很多其感兴趣的关键词，如病毒、口罩、隔离、疫苗等，无不源于这场疫情对他们的冲击与思考。我能感受到，这是"顺从"他们"心意"的新知识。

"旧"的是道理，是价值观念，更是辩证地认识事物的本质和规律。在授课过程中，我有意识地引导大家围绕人与自然如何实现和谐共存、不同主体在疫情中的角色等展开研究和探讨。这些平时可能会比较枯燥的议题，在疫情背景下更加立体与生动。

"新瓶装旧酒"，关键的是方法，要避免说教式讲授，鼓励学生在独立思考中实现自我的推翻与重建。有同学选择从"隔离是限制人身自由"的角度开展写作，我能感受到他的立场，但是我选择支持其开展研究，并建议研究的答案是开放的，而非有预设的。写作过程中，他告诉我写出来的好像和自己最初想的有点不同，我仍然当一个倾听者，并逐步引导他辩证地看待问题，分析隔离与人身自由之间是否矛盾。终稿时，他的题目变成了"隔离是'特权'还是限制人权?",体现出了对这个问题的全面思考。

"新瓶装旧酒"是利用新鲜的知识去思考背后的价值,顺应同学们的"心意",充分发挥同学们的主观能动性。这需要老师以"润物细无声"的方式,引导学生进行自我的推翻与重建,在不断变化的认知中辩证地认识事物的本质与规律。

"消费"为镜,思政随行

贺曦鸣

大家好,我是写作与沟通教学中心的贺曦鸣,我承担的是本科生的"写作与沟通"课程。以下是我的同行锦囊。

我开设的"写作与沟通"课的主题是"消费"。"写作与沟通"课是全体大一新生的必修课,主要关注学生成长过程中面临的问题和需求,在通识写作的教育过程中落实立德树人的根本任务,这是我开设"消费"这个主题的出发点。对于初入大学校园的大一新生来说,与消费有关的话题和困惑无处不在。

我发现,在同学们的笔下,"消费"及其有关的现象通常都是受到猛烈批判的对象。他们对于"超前消费""购买奢侈品"等个人消费行为十分警惕,经常主动剖析自己和身边亲友"不理性消费"的各种表现。在他们的眼中,"消费主义"以及与之相关的概念都值得引起高度重视和警觉。许多同学甚至迫不及待地提出建议,希望能够杜绝因不理性消费而酿成的"悲剧"。不难发现,大多数学生对于消费的认识仍然停留在个体层面,尚且没有认识到消费对于宏观经济乃至社会文化的重要意义。

为了引导学生更加全面理性地认识消费,我非常注重运用启发式的教学方法,我经常就学生关注的问题和与消费有关的热点话题组织讨论,帮助学生开阔视野、提升格局、认识到消费对于拉动经济和生产的积极意义。我还尝试了诸如辩论等多种形式的课堂活动,让学生在朋辈学习的过程中审视自己的推理过程、锻炼批判性思维、实现价值塑造。

自主和理性地消费是一个现代公民的基本素养。我希望在学期结束时，每位同学不但能够学会通过消费这扇窗口更好地认识自己，也能更好地理解市场经济，成长为具有独立思考和思辨能力的社会主义建设者和接班人。

多维视角讨论孝的美德与义务

袁 艾

大家好,我是人文学院的袁艾,我承担的是本科生"写作与沟通"课程之"孝的美德与义务"。以下是我的同行锦囊。

自古以来,孝敬父母不仅仅是一种责任,也是中华民族的传统美德。成年子女尽孝,一方面要在法律责任上履行赡养侍奉父母的责任;另一方面要在道德层面表现出孝顺、敬爱以及劝谏父母的美德。然而,随着家庭构成模式的改变及观念的演进,无论在中国还是西方,传统的孝道都面临着来自理论和实践的挑战。

本课程旨在从社会学、心理学、传统文化观、传统伦理观等不同面向,对孝的问题进行综合考虑。深入传统文化脉络,我们一起反思孝的概念在儒家、道家、佛家文化中的变迁。在伦理层面,我们追问,基于什么理由,我们可以把孝当成一种美德和义务,他们在当今中西方社会文化中是否依旧具有理论正当性。在社会制度层面,我们思考孝道在社会经济政治制度构成中的作用及其相互关联性。在心理层面,我们关注孝道对亲子关系的利弊作用。当我们将"孝"纳入现代社会文化中来考量,我们便可以深入理想与现实之间,通过对理论的反思和对现实的关照,呈现孝道在理论与实践中的距离,以及理想与现实共存的必要性。

让学生在故事中理解

李君然

大家好，我是写作与沟通教学中心的李君然，我承担的是本科生"写作与沟通"课程。以下是我关于课程讲授的同行锦囊。

如何将课程思政融入课堂内容，如盐在水、润物无声，是教师在教学实践中普遍面临的挑战。我的方法是让学生"在故事中理解"。我会从课程主题"中国制造"出发，选择与班上学生专业背景有关联、有共鸣的真实工业故事，把它们穿插在课堂讲授之中。

课程教学中的工业故事侧重中国崛起背后的鲜活案例及创新原理，用来打破"中国制造大而不强"的固有成见，激发学生对工业发展的关注和兴趣，引导他们探究中国制造为什么能取得今天的发展成就。在每学期结课时，我总会讲述中国核潜艇第一代陆上模式堆拆除的故事。当讲到工程师在拆除屏蔽墙时发现的那句"孩子们，辛苦了"，我会让学生们想象前辈写下这句话时对继任者的信任和对新中国的希望。我也会告诉学生：他们现在是那句话中的"孩子"，未来也会成为写下这句话的前辈；即便不再继续从事工业研究，也可能成为故事的讲述者。尽管没有在课上刻意强调，学生们也会自然而然地感受到身上流淌的"红色工程师"血脉，感受到自己与国家、民族、时代紧密相连的关系。会有学生结课后写道："课程带给了我一种对于中国发展的信念和执着，我真心地希望能在若干年后成为中国工业故事的书写者。"

通过这种形式，我期望将课程思政具化为学生真实可感的现实事物，而不是在讲授中生硬添加的抽象概念。以工业故事为载体,以专业背景为桥梁,设计出适当的情境,课程思政也可以成为学生在课堂上的自身感悟和课堂外的主动追寻。

以"浅阅读"与"深阅读"打造通向研究问题的阶梯

米 真

大家好,我是写作与沟通教学中心的米真,我承担的是本科生的"写作与沟通"课程。以下是我关于课程讲授的同行锦囊。

在写作中,学生常有"不知道写什么"的困惑,难以深入现象之下发问,找不到小问题、真问题、好问题去开展研究。针对这一难题,在选题课上,我首先请同学们就"多喝热水"提研究问题,学生往往会结合生活经验,问出"喝热水究竟对身体好不好""多少度的水算是热水"这样的"科普式"问题。接下来我会提供三则涉及热水的阅读材料。这些材料并不高深艰涩,但结合材料讨论后,同学们的问题更加具体并带上了学科属性,譬如:为什么"多喝热水"成了讽刺男生不做实际关怀的"直男标签"?华裔文学里喝热水的情节是作者想以具象形式表达抽象的中国文化内涵,还是刻意迎合西方人普遍想象中的中国?为什么"新生活运动"和"爱国卫生运动"都提倡"水不沸不喝",但只有后者成功推广了这一习惯?随后聚焦于第三个问题,我们又会进行一轮更有难度的对比阅读。通过阅读《教养身体的政治》和《再造病人》中的选段,学生们能从两场运动的时代背景、思想底色、情感动员等方面,提出更聚焦、更深刻的角度去分析饮用水卫生制度的嬗变。课程结束后,有学生感慨"原来真的得感谢国家,让我喝上了白开水","为自己找到的问题激动,感受到了集体力量得天独厚的优势"。

可见,浅阅读帮助学生找到学科视角,深阅读助力学生获得学理深度。学生顺着阅读材料搭建的阶梯层层深入,有探索的乐趣和成就感,也更能被自己的探索触动。

以科研精神浸润课程思政

陆跃翔

大家好，我是核研院的陆跃翔，我承担的是本科生的"写作与沟通"课程。以下是我关于课程设计的同行锦囊。

在文科类通识课的教学中，理工科教师如何将自己的学科背景和科研思考融入课程设计中，是我开展课程思政时思考的主要问题。我选择了"诺贝尔奖"作为课程主题，将课程思政融入写作课教学的各个环节中，带领同学们思考和讨论"为什么做科研""做什么科研""怎么做科研"等话题，强调学术道德规范，树立优良学风，培养高尚追求。

作为大一新生的第一门论文写作课程，我在第一节课就强调学术道德规范。以学术界著名的学术造假事件作为反面教材，警示同学们在追求伟大目标的同时要牢牢树立学术道德底线；通过新闻报道中的学术不端案例，告诫学生在大学学习的起步阶段就应该建立优良的学风。在经典文本研读环节，通过阅读分析杨振宁、爱因斯坦等科学大家关于科学研究论述的文本，引导同学们从社会、组织、人、奖等四个层次展开思考，培养阅读和思考的高品位和高境界，建立更高的人生追求。在课堂讨论环节，结合时事，引入屠呦呦、袁隆平、王大中等科学家的事例，引导同学们建立自己的科研价值评价体系，树立正确的科研观念，将个人的发展与国家的发展结合起来。在论文选题和写作环节，鼓励和引导同学们以做科研的方式，选择自己感兴趣的真问题，通过一学期的调研、思考和打磨，完成一篇自己满意的论文。

通过各个环节的配合，同学们能够和教师进行充分交互，在完成通识课教学内容的同时，实现课程思政的润物无声。

从公共议题到学理性提问

刘天骄

大家好，我是写作与沟通教学中心的刘天骄，我承担的是本科生"写作与沟通"课程。以下是我关于课程设计的同行锦囊。

在研究性写作中，"问题意识"不仅是学生形成研究兴趣、进行学术思考、开展分析写作的基础前提，也是衡量学生学术素养和科研能力的重要标准。然而对于一年级本科生来说，在从中学时期命题作文到大学阶段自主选题的转变过程中，常常有着关注社会公共议题的热情，却往往不知该具体写些什么的迷茫。

面对上述困难，我在"隐秘战争"的主题写作课中，会选择以同学们比较熟悉的中美芯片竞争为例，通过三种激发提问的方法，帮助学生将所关心的国家大事，落在具体的写作动机之上。

一是通过同类比较去发现问题。比如为什么在美国两党高度分裂的政治生态下，参众两院通过其他法案屡遭互相掣肘的僵局，通过《芯片法案》却如此一致迅速？

二是对直觉之外的现象进行追问。比如人们通常认为是由于巨大的贸易逆差导致美国对华增加关税、限制出口，然而具体到半导体产业，尽管它是美国对华限制出口最为严格的领域，却同时也是其保持对华巨大贸易顺差的领域之一，甚至由于近些年的封锁，诸多美国企业都蒙受了不小的经济损失，那么如何解释这种看似反常的政府行为？

三是看文献，在理论预期与经验事实的差异之处提问。比如基于经济学的一般理论，多数西方学者主张美国是政府不干预或极少干预私人企业的自由市场经济国家,然而现实是不论考察其产业政策的历史,还是关注当下的《芯片法案》,该国政府长期以来都深度参与了半导体产业的发展,这种反差背后的原因又是什么?

　　总体而言,通过这节课中关于激发问题意识的环节设计,既保护了学生关心国家大事的研究初衷和探索热情,也通过具体的方法帮助学生从身边的"大事件"中去发现"小问题",为接下来更为聚焦的学理性选题方法的学习奠定了基础。

第十三章

思政课中的能力培养

　　清华大学思想政治理论课是践行"三位一体"教育理念、实现立德树人的主渠道和主阵地。在推进课程思政建设的同时，思政课程也需不断提升教学效能，方可真正做到各类课程与思政课程同向同行。自 2019 年以来，清华大学认真贯彻落实习近平总书记重要讲话精神，全面加强党对思想政治理论课建设的领导，强化思政课建设顶层设计与统筹协调，高质量开设"习近平新时代中国特色社会主义思想概论"课程、"形势与政策"课程，加强师资队伍和学科平台建设，持续丰富教学内容与形式，推动党的创新理论进教材、进课堂、进头脑，努力培养德智体美劳全面发展的社会主义建设者和接班人，形成了立德树人的生动实践。

注重课堂延伸环节,将概念与生活相连接

何建宇

大家好,我是马克思主义学院的何建宇,我承担的是本科生的"毛泽东思想与中国特色社会主义概论"课程。以下是我的同行锦囊。

我的课需要为同学们讲清中国特色社会主义理论体系,这里面有很多基本的理论名词和概念。但对学生来说,这些名词离他们的生活有些距离,他们在思政课上,会背下来一些概念,但有时仅仅是将这些概念用于考试。实际上,思政课更应该促进学生的认同,培育学生的价值观。所以我的教学,希望把高大上的概念和理论,与同学们的思想和实际生活结合起来。

为此,我的课一直有一项作业:"普通人的改革开放史"。我希望学生能够打破壁垒,将改革开放40年里波澜壮阔、翻天覆地的改革变化呈现出来,而且是连续性地呈现。思政课往往会阶段性地讲述历史,但是人的生命历程是连续的。通过让学生讲述连续性的历史,在小我世界中感受和跟踪大的时代变化,将抽象理论与自己的生活关联起来,这门课就会变得特别有意思。

我的课也会通过小班讨论的方式,来强化学生的批判性思维,提高学生的写作能力。写作和讨论相互促进。你要写才会认真思考,你要写才会认真对待自己白纸黑字的表达。我布置的作业,比较受学生欢迎,学生会愿意写作业。在写作业的过程中,会给学生和老师带来很多反思。

在我看来,课程教学是一个完整的体系。除了讲课之外,包括作业、讨论课这样的延伸环节,对同学们的改变可能也很重要。在这些环节中提出的问题,老师和同学选择的案例,本身已经帮助学生开始思考时代的问题。

强调时代之变，注重个人之思

李 戈

大家好，我是马克思主义学院的李戈，我承担的是本科生的"形势与政策"课程。以下是我的同行锦囊。

"形势与政策"课程的独特性在于授课内容的前沿性和时效性，以及授课方式的丰富性和生动性。结合大一新生所具有的学情特点，形势与政策课程不能简单开成通识基础课、专题拼盘课、文件宣讲课，而是需要系统的课程设计。为此我着重进行了如下探索：

其一，以百年未有之大变局作为整个课程的核心问题意识，培养学生的全局视野。所有授课专题都服务于大变局之"变"以及个人在时代变局中之"思"这一主题，帮助学生实现从小生活之我向大格局之我的视野转换，打破学生认知中固有的"个人—国家"之壁垒。

其二，恰当选取授课专题，有针对性地培养学生思维能力。例如，以小康与中国现代化为主题，介绍中国共产党领导下中国迈向现代化的接力探索，帮助学生强化理论思维与历史思维；以香港修例风波为主题，带领学生对比社会经济矛盾、外部势力推动、政治发展困境三种解释框架对香港问题的解释力度，帮助学生强化系统思维与批判思维；以中美贸易摩擦为主题，引导同学调动技术竞争、国际经济、国际政治、意识形态、文明冲突等多重知识结构来全方位认识中美关系，帮助学生强化复杂性思维与底线思维。

其三，合理设置课程考核方式，重输出，拒内卷。通过严格限制字数的时事评论文写作，在教师提供写作指南文档和优秀作业范例的帮助下，以选题、规范、逻辑和创新四个维度综合评估和锻炼学生写作能力。

与世界历史同步，培育全球视野

夏　清

大家好，我是马克思主义学院的夏清，我承担的是本科生的"中国近现代史纲要"课程。以下是我的同行锦囊。

"中国近现代史纲要"课程重在引导学生通过了解国史、国情，理解今天的中国从何而来、中国与世界经历了怎样的互动与博弈等问题，进而帮助学生更好地领会历史与人民是怎样选择了马克思主义，选择了中国共产党，选择了社会主义道路，选择了改革开放。我们都知道，中国"近现代"不是一个简单的时间概念，而是包含有特定意涵，其中之一便是"世界性"。"纲要"课教学自然应与世界历史同步，继而培育学生的全球视野。

在纲要课的讲授中引入"世界历史"，帮助学生培养起对"他者"的认知，进而更好地理解中国。在鸦片战争一章中引入中印英三方有关白银、棉花、茶叶贸易体系，以及英国议会围绕开战与否展开的争论，学生不仅能够理解中国的立场，也可以把握西方的逻辑。在讲授晚清民初国内政局的变动时，引入英日俄三方在东北亚的争夺与冲突，可以帮助学生在更宽的视域下把握中国在东亚格局、世界棋局中的变动。所谓的"世界"从来不是铁板一块，中国历史恰是在这样的纷繁复杂的格局之下展开的。

世界历史既指超出一国范围的历史，同时也暗含了马克思主义理解世界、改造世界的方式，成为我们理解中国革命何以如此的重要理论援引。此外，随着中国国际地位的提升，从历史中挖掘中国发展的世界意义，培养学生的世界意识，理应成为思政教育中的重要主题。

"破""立"并举,辨析问题

李江静

大家好,我是马克思主义学院的李江静,我承担的是本科生的"思想道德修养与法律基础"课程。以下是我的同行锦囊。

在授课过程中,我发现学生对于很多知识知其然而不知其所以然。对此,一方面要通过提升课程的理论性,让学生深入认识他们以为自己已经知道但并不是真正了解的知识;另一方面,有必要通过引入辨析环节,让学生认识到自己的固有认知有什么样的错误和问题,从"解构"开始再去"建构",进而把"知识"进一步转化为"能力",这样的能力包括明辨是非的能力、洞察本质的能力、思辨能力、知行合一的能力等。

由于这样的能力不能仅仅依靠听课获得,因此,我进行了这样的教学改革:首先,结合教材体系的6个章节,每一章节引入一个需要辨析的当代社会思潮,列出与之相关的3个问题,通过一个个具体问题的串联,形成"问题引导"式教学;其次,开设第二课堂,设置相应的小组讨论,带领学生进行"合作探究",去回应那些经常触碰、不时谈论却又似是而非的问题。

希望借助"问题引导—合作探究—问题解决"的循环动态过程,实现"破""立"并举,使学生真正发自内心地、由内而外地建立对相关问题的正确认识。这一过程,也就是在问题辨析中实现知识传授、能力培养和价值塑造的过程。

运用校史资源，映射青年的选择

张牧云

大家好，我是马克思主义学院的张牧云，我承担的是本科生的"中国近现代史纲要"课程。以下是我的同行锦囊。

在 2020 年春季学期的教学中，我发现学生对于阅读中国近现代史一手文献的兴趣不足，欠缺研读史料的入门练习，学生也希望了解运用一手文献进行史学研究的基本方法。为了做研读史料的引路，除了帮助学生构建贯通的中国近现代史知识体系，我还尝试在教学内容中引入校史资源。

例如，在讲述"翻天覆地的 30 年"这一章节的内容时，我穿插了"清华留美学生与中国革命"的教学内容。教学过程中，我向学生们介绍了在美国档案馆、图书馆收集有关清华留美学生资料的过程，通过屏幕共享，与学生一起阅读施滉、冀朝鼎、徐永煐在清华求学以及赴美参加革命时期的书信、会议纪要、报刊资料，学生在互动区实时提问，各抒己见，师生一起"破案"，在新发现的一手文献中生发问题，寻找历史线索，重现施滉等一代清华学子在中国与世界之间互动的经历，引导学生思考施滉等一代青年知识分子思想转变之路，探寻他们转变为马克思主义者的历程。

校史中的人、事、物对于"00 后"大学生亲切、生动，可以提升学生在线上思政课学习过程中的参与感，增强学生对于中国近现代史研究的兴趣，培养学生研读一手文献的能力。

写板书，重互动，深耕课堂

刘恩至

大家好，我是马克思主义学院的刘恩至，我承担的是本科生的"马克思主义基本原理概论"课程。以下是我的同行锦囊。

首先，采取标"旧"立异的课堂形式。现代技术为教学提供了便捷多样的手段，但譬如信息量丰富的幻灯片、生动活泼的图片视频等形式，某种程度上反而削弱了学生对于课堂过程本身的专注度。在这种情况下，我尝试采取"传统的"板书授课法，努力让课堂回归它的本真意义，即让学生的目光和注意力锁定在教学内容上，也促使学生及时有效地动手记录讲授要点和课堂思考，构建教师和学生高度融合的教学场域。

其次，注重经典文献的课后阅读。尽管马克思主义基本原理课程是面向全校本科生开设的公共课程，但我并没有对受众学生的要求进行预先性的降维。相反，我结合清华大学本科生的实际情况，在充分考虑学生的课余时间和接受度的前提下，每一两周布置一定量的马克思恩格斯经典文献的课后阅读作业。通过阅读经典文献，力求让学生消除固有的偏见和抵触，真正把握马克思主义的整体逻辑和精髓真义。

最后，加入严肃活泼的互动交流。在每节课课前，我都会设置一个10分钟左右的课前回顾，通过形式轻松的互动环节来唤醒大家对于上节课学习内容的记忆。这种小型的互动提问，一方面可以加深学生对于之前所学知识的理解；另一方面可以激励学生在课下的复习，甚至是从自己的笔记中发现疑问，引发思考。我在课程讲授过程中也会给予学生充分的发言提问权利，根据学生的实时反馈来调整自己的授课思路和切入角度。

史论结合，探索研究型教学具体形式

路子达

大家好，我是马克思主义学院的路子达，我承担的是本科生的"毛泽东思想与中国特色社会主义理论体系概论"课程。以下是我关于课程设计的同行锦囊。

"毛泽东思想与中国特色社会主义理论体系概论"是一门本科生思想政治理论课。这门课中的部分理论和概念，是学生们在高中课程、党课或其他思政课上已经学习过的"既熟悉又陌生"的知识。因此如何激发学生兴趣，使学生深入理解这些知识，是本课程内容设计阶段的主要问题之一。

我对这一问题的初步思考是，加强研究型教学设计，做到史论结合。

在设计思路上，加强研究型教学设计。课程设计需要将教材体系转化为教学体系，最终结合学情向学生的认知体系转变。因此需要在课程设计上以教师的探讨意识带动学生的问题意识，通过提问、讨论等形式调动学生的求知欲和探索精神，形成有效的师生互动。

在具体形式上，史论结合，深度剖析理论背后的历史背景，展示文献或思想的产生过程。比如在"社会主义革命理论"部分，我会引导学生讨论粮食购销体制的八套方案、形成农业集体经济的六种过渡形式等历史上中央决策的备选方案，分析每一套方案的特点，对比学生的选项与历史上中央的政策选择，使学生更深入理解中央的决策逻辑。通过教师与学生的共同研究，通过不同思想的碰撞，由政策上升为思想与理论，让学生在曾经"熟悉又陌生"的知识中获得新知，掌握马克思主义的立场、观点、方法。

简言之,在课程设计中,史论结合的具体形式极为丰富。如何运用这一思路更好地设计出落实立德树人根本任务的课程,将思政课讲深、讲透、讲活,仍需不断探索创新。

加强教学设计，提升教学效果

李玉蓉

大家好，我是马克思主义学院的李玉蓉，我承担的是本科生的"中国近现代史纲要"课程。以下是我关于课程设计的同行锦囊。

有效而又有趣的教学设计，会使知识传授更加深入学生之心。尤其是在思政课的教学中，不仅需要教师在高度熟悉教学内容的基础上，对知识进行深加工与重新整合，做好知识传授与能力培养；更需要教师在教学全过程之中加强教学设计，将教学内容与教学目标有机融合在一起，有意识地调动学生的思考力，并与现实建立有机联系。

在讲中国共产党的持久战战略总方针时，我会结合毛泽东的《论持久战》和四幅抗战地图来设计相关内容。首先分析毛泽东《论持久战》的写作背景及主要内容，并专门拎出"犬牙交错"这个词，向学生进行提问，引出毛泽东强调利用内线和外线、有后方和无后方、包围和反包围、大块和小块四种犬牙交错的战争形势来打赢持久战。进而，利用四幅地图分别讲述中国共产党在犬牙交错的四种战争场景中利用地理与形势，努力拓展地理空间、政治空间、经济空间和文化空间，通过持久战争取更多的抗战空间，又为持久抗战争取更为深厚的支持力量。从而让学生从空间与时间角度综合理解中国共产党的持久战战略理论与战略实践之间的关系，体会中国共产党在持久抗战中的历史主动精神。

通过恰当且有效的教学设计，不仅有利于重新建立起价值、能力与知识之间的桥梁，将知识内容与学术前沿传递给学生，亦可以提升学生的思考能力与实践能力，进一步加强价值塑造与思想引领。

后 记

清华大学课程思政工作案例集汇聚了各院系一线教师在课堂内外总结的教学经验。教师们通过一个个"同行锦囊",以短小精悍、清晰易学的形式分享各类课程开展课程思政工作的具体经验与做法,既有对于教学难点的分析,又有对于教学案例的讨论;既体现清华大学课程思政建设的独特性,又兼顾高校开展课程思政建设的普遍性,提供了一些课程思政建设素材以及具体方式,力求"劳模可复制",引领"同向"与"同行"。

同时,课程思政建设的过程不是一蹴而就的,案例集编撰至此,仍有许多未尽之处。"同行锦囊"在课程类型分布上尚不均衡,在教学方法和课程设计方面的思考仍有待深入,这也是未来清华大学课程思政建设的努力方向。

在本案例集的编辑过程中,课程思政教学研究中心主任彭刚,副主任李蕉,中心委员于歆杰、田凌、王红、赵青、石中英、杨晶、顾涛、程晓喜、马昱春、杨帆、黄秀华,教务处朱慧欣参加了审稿、修订工作。清华大学出版社王如月编辑,课程思政教学研究中心助理熊成帅、方霁、郭壮、梁毅、张家臻参加了修改和统稿工作。

千里之行,始于足下。相信案例集的出版能够进一步激发广大教师的生产力与创造力,构建课程思政的育人大格局,实现立德树人的根本目标。